KB269890

CliffsNotes™

다락원
논술노트
008

# 빌러비드

Beloved

토니 모리슨

다락원  WILEY
Publishers Since 1807

# 세계의 교양을 읽는다

고전을 왜 읽는가?

인간의 삶과 세상에 대한 영원한 물음이 있기 때문이다. 시대와 사상을 뛰어넘어 지금 여기 우리에게 필요한 물음이 없는 고전은 더이상 고전이 아니다. 인간과 삶에 대한 근원적인 물음 없이 고전을 읽는다면 자신과 인간에 대한 성찰과 지혜로 이어지지 않는다. 논술 시험 때문에, 과제물 때문에, 아니면 남들이 읽으니까, 나도 읽는다는 식이라면 그 책은 죽은 책일 수밖에 없다.

고전을 살아 있는 책으로 만드는 이 '물음!'에 답하기 위해서는 좋은 길잡이가 필요하다. 40년 이상 미국의 고교생과 대학 주니어들이 시험, 에세이 작성, 심층토론 준비를 위해 바이블처럼 애용해온 'CliffsNotes'와 'SPARKNOTES'는 바로 그런 좋은 길잡이의 표본이다. 이 두 시리즈가 원조 논술연구모임인 '일이관지(一以貫之)' 팀의 촌철살인적 해설을 곁들여 〈다락원 논술노트〉로 재탄생해 논술로 고민중인 대한민국 학생 여러분을 찾아간다.

CliffsNotes와 SPARKNOTES의 가장 큰 장점은 방대하고 난해한 고전을 Chapter별로 요약하고 분석해서 원전의 내용에 보다 쉽고 체계적으로 접근하는 신속·간편성이라고 할 수 있다. 여기에 '一以貫之'팀이 원전의 중요한 문제의식, 즉 근원적 '물음'은 무엇이며, 그 '물음'은 오늘날에도 여전히 유효한가, 라는 질문을 다시 던진다.

대입논술로 고민하고, 자칭 타칭의 고전이 넘쳐나는 오늘의 독서풍토에서 지적 정복이 긴박한 대한민국 학생들에게 감히 이 시리즈를 자신 있게 권한다.

一以貫之 논술연구모임 연구실장 이호곤

CliffsNotes와 SPARKNOTES는 방대한 원작을 보다 쉽게 이해할 수 있도록 돕는 안내서입니다. 원작 이해를 돕기 위해 작가와 작품에 대한 배경지식, 그리고 매 장마다 간단한 '줄거리'와 '풀어보기'가 실려 있습니다. '줄거리'를 통해서는 원작의 내용을 명쾌하게 파악함으로써 독서의 즐거움을 느낄 수 있을 것입니다. '풀어보기'에는 원작에 담긴 문학적 경향, 등장인물의 심리상태, 시대상, 주제 등을 설명해 놓았습니다. 비판적 글읽기의 바탕이 되는 요소들이죠. 비판적 글읽기는 소설과 비소설 작품을 막론하고 책을 읽을 때 꼭 필요한 자질입니다.

그 밖에도 작품을 좀더 심오하게 분석할 수 있도록 '마무리 노트', 'Review' 등을 마련해 놓아 독자 여러분의 글읽기를 돕고 있습니다.

CliffsNotes에는 특히 관심을 갖고 읽어야 할 필수요소를 강조하기 위해 다음 네 가지 아이콘을 사용하고 있습니다.

작품 속에 내재된 주제를 드러내줍니다.

등장인물의 속내를 알 수 있도록 도와줍니다.

배경, 분위기, 열정, 폭력, 풍자, 상징, 비극, 암시, 불가사의 등의 요소를 밝혀줍니다.

단어와 문구의 미묘한 느낌을 감상할 수 있도록 해줍니다.

*〈  〉는 장편소설, 중편소설, 논픽션, 시집. " "는 수필집, 단편소설

### ● 일이관지(一以貫之) 논술 노트

권말에는 一以貫之 논술팀에서 작성한 논술 노트가 실려 있습니다. 원작을 우리의 삶과 연계시켜 비판적 사고와 논리적 글쓰기의 방향을 제시합니다.

### ● 실전 연습문제

실전 연습문제를 통해서는 원작을 바탕으로 출제 가능성이 높은 논점을 함께 숙고해 봅니다.

작가
노트

## 흑인도 사람

흑인과 흑인의 유산을 지키는 굳건한 투사 토니 모리슨 Tony Morrison은 생각할 수 없는 것을 생각해냈다고 고백한다. 모리슨은 퓰리처상 수상작 〈빌러비드 *Beloved*〉에서 영아살해, 강간, 유괴, 광기, 열정, 지혜, 소외, 무력, 후회, 폭압, 그리고 초자연적인 것을 탐구한다. 이 대담한 소설가는 허구의 영역을 구축하고, 그곳에서 그녀의 소우주의 중심인 흑인들이 변방의 별종이 아니라 진정한 인간이라는 사실을 극화했다. 모리슨은 편협한 이론들을 반박하며, "이 땅에는 흑인이나 인디언 또는 어떤 한계집단들이 존재한다는 견해가 있다. 그런데 세상을 그런 관점에서 보고 글을 쓰면 어쨌거나 질이 낮은 작품으로 간주된다"고 말한다. 그녀는 흑인들도 인간사회의 정식 일원이라는 사실 이외에는 그 어떤 견해도 배격하면서 주장한다. "우리는 사람이지 외계인이 아니다. 우리도 살고, 사랑하고, 죽는다."

## 유년기

토니 모리슨은 미국 북부에서 자랐지만 유전적으로나 역사적으로나 남부적 전통을 지닌 가계의 후손이다. 이러한 전통은 목수이자 농부였던 외할아버지로부터 시작되었다. 그는 켄터키 주의 인종차별주의와 가난 속에서는 삶이 나아질 가망이 없다고 생각해 가족과 함께 오하이오 주로 이주했다. 소작인이었던 모리슨의 아버지 조지 워포드도 비슷한 생각에서 조지아 주의 인종적 박해를 피해 북부로 이주했으며, 조선소에서 용접일을 구했고 세차도 했다. 비교적 평온한 북부 끝자락에 살면서도, 가슴에 맺힌 것이 많았던 워포드는 여전히 이 땅 위의 모든 백인들이 내뱉는 말과 몸짓 하나하나를 불신했다. 대조적으로 어머니 라마 윌리스 워포드는 남편보다 교육을 더 받았고 사람들을 신뢰했으며 인종문제에서도 다소 온건한 견해를 보였다.

워포드의 자녀들 가운데 둘째인 모리슨은 1931년 2월 18일 태어나 클리블랜드 주의 서부 외곽지역에서 자랐다. 이곳은 미국 5대호 중 하나인 이리 호의 남쪽 호반이다. 체코계, 독일계, 아일랜드계, 그리스계, 이탈리아계, 세르비아계, 멕시코계와 흑인 교외거주자들이 뒤섞인 인구 약 7만 5천 명의 철강도시인 오하이오 주 로레인의 다문화적 환경에서 모리슨은 차별을 경험했다. 그러나 여타 흑인 작가들이 겪은 것만큼 심하지는 않았다. 1933년 집주인이 워포드 가족들이 살고 있는 아파트에 불을 질렀지만 어머니 라마 워포드는 딸에게 적의를 품지 말라고 가르친다. (하지만 빈민층에게 주는 음식에 벌레들이 득실거리자 워포드 부인은 화가 나서 프랭클린 루스벨트 대통령에게 항의편지를 쓰기도 했다.)

교육적이고 종교적인 환경에서 자란 모리슨은 이렇게 말한다. "우리는 우리 앞의 미래가 어떻게 되든 개개인으로서 가치를 가지고 있다는 가르침을 받았다. 흑인 사회의 여성들은 숙모든, 할머니든, 이웃이든 촘촘히 짜인 안전망 구실을 했다." 흑인 남성과 여성 모두가 반노예제 연대, 대담한 구조 활동, 기타 흑인 역사에 점철된 위험과 승리의 이야기들을 나누며 노래를 부르는 전통은 흑인들의 자존심에 가해지는 충격을 완화시켜주었다. 게다가 모리슨은 외조부모인 존 솔로몬과 아델리아 윌리스—이들은 1912년 앨라배마에서 이주했다—로부터 남부 재통합<sup>*</sup> 이후의 남부에 관한 이야기를 많이 들었다.

모리슨의 말을 빌리면, 흑인 사회의 여성들은 "죽은 자들에게 수의를 입히고, 아프리카제비꽃을 손끝으로 만개시키고, 맛좋은 비스킷을 만들고, 밭을 간 해방된 여성들이었다. 마치 천국에 온 것 같은 생각이 들 정도로 달콤한 사랑을 담아 우리를 껴안아줄 수 있는 사람들이었다." 모리슨은 이처럼 돋보이는 역할모델들에 대해 일종의 의무감을 느꼈으며, "내가 한 일은 그들이 겪어야 했던 고난에 비하면 아무것도 아니었다"는 점을 마음에 새겼다.

---

* **남부 재통합**(Southern Reconstruction, 1865–77): 남부는 전쟁에 의해 폐허가 되었고, 10여년에 걸친 인종싸움으로 사기가 떨어져 있었다. 많은 남부인들은 그들의 정치적·사회적 영향력이 위협받게 되자 흑인들의 평등권 획득을 가로막기 위해 불법적 수단을 사용하게 되었다. 흑인에 대한 폭력이 더욱 빈번해졌고, 무질서가 더해진 결과 1870년에는 해방노예들의 공민권을 박탈하고자 하는 사람을 엄벌하는 시행령이 의회를 통과했다.

## 학창시절

　　아주 어렸을 적부터 타고난 흉내쟁이, 배우, 이야기꾼, 독서광이었던 모리슨은 어떤 면에서든 뛰어날 것이라는 기대를 받았다. 비록 유색인들의 공헌을 무시하는 교육환경에서 성장했기 때문에 피해망상과 싸워야 했지만 이에 굴하지 않고 글을 쓰고, 구연을 하고, 시를 읽었으며, 마리아 톨치프*를 본받고자 했다. 모리슨은 예술을 풍요롭게 하는 동시에 미국 토착문화를 증진시키는 능력을 지닌 마리아를 우상으로 여겼다. 로레인 고등학교에서 4년간의 라틴어 과정을 마친 그녀는 학사학위를 받기 위해 로레인을 떠났다.

　　흑인들의 업적에 대해 스스로 깨우친 모리슨은—그녀는 프랑스, 영국, 러시아 소설가들의 작품에 몰두해 있었다—워싱턴 D.C.의 하워드 대학교에 입학했고, 이름을 토니로 바꿨다. 그곳에서 시인 스털링 브라운과 철학자 겸 비평가인 얼레인 로크 같은 강경한 흑인 대변인들 밑에서 공부했으며, 셰익스피어, 호손, 멜빌, 워즈워스 같은 백인 문인들에 대해 튼튼한 기초지식을 쌓았다. 또한 하워드 대학교의 레퍼토리 극단**인 하워드 유니티 플레이어즈의 일원으로 남부지방을 순회

---

* **마리아 톨치프**(Maria Tallchief. 1925- )：오클라호마 주 인디언보호구역 태생의 발레리나.

** **레퍼토리 극단**(Repertory Company)：자체의 독자적인 공연목록을 가지고 매일 또는 매주 공연물을 바꿔가면서 순차적으로 공연하는 극단. 한 극단이나 악단이 언제든지 공연할 수 있는 미리 준비해놓은 작품목록을 레퍼토리라고 한다.

하면서 흑인 민권운동 이전의 불안정한 시대를 사는 흑인 관중들을 위해 공연했다. 모리슨은 1953년 문학사 학위를 받고 졸업했으며, 2년 후에는 코넬 대학교에서 영문학 석사학위를 받았다. 집중연구 대상은 버지니아 울프[*]와 윌리엄 포크너[**]의 작품이었다.

## 교수생활과 저술활동

모리슨은 코넬 대학교 졸업 후 2년간 텍사스 서던 대학교에서 인문학과 영어를 가르쳤고, 이어 하워드 대학교에서 영어과 강사로 8년간 근무했다. 1962년에는 매월 모임을 갖는 한 문학토론회에 참여해 고교 때 시작했던 단편들을 기고했다. 그것들 가운데 최고로 손꼽히는 작품은 자신의 결점을 가리고 싶어 파란 눈을 달라고 신에게 애원하는 흑인 소녀에 관한 이야기다.

모리슨은 1957년 자메이카 출신 건축가 헤럴드와 결혼

[*] **버지니아 울프**(Virginia Woolf. 1882-1941): 제임스 조이스와 함께 "의식의 흐름"이라는 새로운 서술기법을 발전시킨 20세기 초의 실험적 작가로 꼽힌다. 1910년 케임브리지 출신의 학자와 문인들을 중심으로 결성된 블룸스베리 그룹을 통해 문학활동을 시작, 〈출항 *The Voyage Out*〉(1915), 〈댈러웨이 부인 *Mrs. Dalloway*〉(1925), 〈등대로 *To the Lighthouse*〉(1927) 등의 작품을 내놓았다. 만성적인 정신분열증에 시달리다가 템즈 강에서 자살로 삶을 마감했다.

[**] **윌리엄 포크너**(William Faulkner. 1887-1962): 미국 소설가. 1949년 노벨 문학상 수상. 퓰리처상 2차례 수상. 20세기 현대 소설의 새로운 실험적 기법, 특히 "의식의 흐름"과 내면의 독백을 활용한 모더니즘 문학의 대표적 작가. 대표작은 〈음향과 분노 *The Sound and the Fury*〉(1929), 〈임종의 자리에 누워 *As I Lay Dying*〉(1930), 〈성역 *Sanctuary*〉(1931) 등.

했고, 1962년에는 아들 헤럴드 포드를 낳았다. 하지만 1965년에 결혼생활을 끝내고 1년 반 동안(이 사이에 둘째 슬레이드 케빈이 태어난다.) 로레인으로 돌아가 외로움을 달래기 위해 문학활동을 새롭게 시작했다. 그녀는 글을 쓰고 싶은 충동을 설명하면서 "아직 아무도 내가 읽고 싶었던 그런 책들을 쓰지 않아서 내가 썼다"는 '그런 책들'에 대한 필요성을 강조했다.

그녀는 두 어린 아들을 돌보며 고된 일을 하면서도, 우울증과 고립에 대한 자신의 개인적 치료요법을 기술한 〈가장 파란 눈 The Bluest Eye〉의 집필에 매달렸다. 중서부가 배경인 이 소설은 주목받지만 사랑받지 못하는 아이 ― 근친상간의 희생자이지만 자학하지 않는 ― 피콜라 브리들러브의 이야기다.

그녀는 자신의 첫 소설이 인종적 이유 때문에 팔렸다고 말한다. 즉 출판사에서 필진 중에 흑인 작가가 있기를 바랐다는 것이다. 흑인 소설시장이 움트기 시작하자 모리슨은 그러한 추세가 흑인들의 투쟁에 부여되는 영예를 반영하는 것이라고 생각했다. 그녀는 이처럼 신성한 영역에서 평상심을 잃지 않으려고 '내 가족들이 직면한, 정말로 삶을 위협하는 장애물들'을 기억해내려고 주문을 외웠고, 중압감을 느낄 때마다 오로지 그것만을 생각했다.

랜덤하우스의 수석 편집자 시절, 모리슨은 당대 문학에 몰두하게 되면서 흑인 문학의 목소리가 점점 높아져가는 것을 인식했다. 이러한 상승세에 고무되어 1969년 강의실로 돌아와 뉴욕 주립대 퍼처스 분교에서 인문학부 교수로 1년간 재직했다. 그녀는 나이액 교외의 보트 창고를 보수해 그곳에서 집필 작업을 했다. 4년 후 두 번째 소설 〈술라 *Sula*〉를 완성했는데, 이 작품에서는 내밀한 힘, 외고집, 일치단결, 신비주의를 지닌 흑인 여성사회에 대한 구획작업이 계속 이어진다. 등장인물이 마약거래를 하는 아들을 살해한 것 — 이는 뭔가 사악하고 불온한 조짐이며 향후 수십 년간의 흑인 빈민가 생활을 예고하는 전조였다 — 에 대해서는 비평가들의 의견이 분분했다. 〈가장 푸른 눈〉보다 더 인기가 높았던 이 소설은 유명 북클럽의 선정도서가 되었다.

모리슨의 이름이 대중적 인지도를 얻게 됨에 따라 그녀의 필명은 뉴욕 타임즈 도서 비평난에 빈번히 등장했다. 1974년에는 〈블랙 북 *The Black Book*〉이라는 회고문집을 냈는데, 빌 코스비*는 이를 '미국 흑인 사회를 둘러보는 민속여행'이라고 소개했다. 노예설화에서 따온 잡동사니들, 광고, 사진, 언론 보도문, 요리법, 특허사무소 기록 등을 집대성한 이 책은 미국 흑인 사회 300년사를 잘 보여주었다. 이 연구는 모리슨에게 과거에 받지 못한 문화교육을 보충하는 것과 다를 바 없었다. 그녀가 파고든 '문학적 고고학'은 이후의 소설을 위한 동기,

---

* **빌 코스비**(Bill Cosby. 1937- ): 미국 최고의 흑인 코미디언. TV 시트콤 "코스비 쇼 *The Bill Cosby Show*"로 30년 이상 인기를 누렸다. 그는 이 프로에서 능청스런 교사역을 열연해 스타덤에 올랐다.

주제, 이미지의 저장소가 되어주었다. 또한 그 연구과정에서 〈빌러비드〉의 집필에 실마리가 된 19세기의 잡지 기사를 발굴하기도 했다.

그 후 1975-1977년에는 예일 대학교, 1979-1980년에는 바드 대학의 교환교수로 재직했다. 1977년 역동적인 상상력에서 뿜어져 나오는 진실, 신념을 표현하고자 하는 욕구, 그리고 부친의 죽음에서 강한 영향을 받은 그녀는 중서부 지방을 배경으로 삼아 모험담 〈솔로몬의 노래 *Song of Solomon*〉를 출간했다. 집단적 무의식에 대한 그녀의 잡다한 시각처럼 이 소설은 가문의 전설과 생존을 위해 생겨난 지혜를 소재로 이용했다. 모리슨의 말에 따르면, 조상들은 '나 자신의 내면세계에 들어갈 수 있는 입구'가 되었다. 〈솔로몬의 노래〉는 아프리카로 날아가는 노예들이 주인공으로 등장하는 신화적인 이야기다. 이 소설의 성공으로 토니 모리슨은 미국 문단의 전면에 나서게 되었다.

이어 〈타 베이비 *Tar Baby*〉를 통해 이전의 흑인 일색이던 등장인물에서 과감히 벗어나 모순된 감정을 지닌 제딘을 소개한다. 그녀는 정체 모를 흑인 남자와의 짧은 관계를 통해 서부 인디언 하인계급의 친지들 사이에서 자기실현을 모색하는 염세적인 여행자다. 모리슨이 친숙하지 않은 주제, 등장인물, 무대를 다루기 시작하자 비평가들은 그녀의 이동방향에 대해 의견이 분분했다. 그럼에도 불구하고 뉴스위크의 커버

스토리에 오른 최초의 흑인 여성이 되었으며, 이로써 미국 최정상의 흑인 작가임을 널리 알렸다. 그녀의 반응은 농담 섞인 한 마디가 전부였다. "정말로 중년의 나이에 머리도 허연 검둥이 여자를 이 잡지의 표지인물로 내세우셔도 되나요?"

1986년 1월 뉴욕 주 작가협회는 모리슨에게 〈꿈꾸는 에밋 *Dreaming Emmett*〉의 집필을 위촉했다. 그 내용은 1950년대 미시시피 주에서 인종차별주의자들에게 살해당한 14세 소녀 에밋 틸의 사건을 극화하는 것이었다. 이미 뮤지컬 〈스토리빌 *Storyville**〉과 〈타 베이비〉의 대본 집필 등을 통해 무대작품 만드는 실력을 인정받았던 그녀에게 소름끼치는 살인사건을 재구성하는 것은 일도 아니었다.

〈꿈꾸는 에밋〉을 내놓은 지 3년째 되는 해에 다섯 번째 소설 〈빌러비드〉를 출간하면서, 다시금 여성에 초점을 맞췄다. 이 작품은 마거릿 가너를 앞세운 노예 이야기를 10년간 숙고한 끝에 탄생시킨 것이다. 가너는 1855년 자기 가족들을 모리슨이 말하는 '의미 있는 잔혹함'에 내맡기는 대신 네 자녀 중 한 아이를 죽인 켄터키의 흑인 여자노예였다.

〈빌러비드〉는 노예제도 하에서 모성의 역설을 탐구한다. 이러한 역설은 굴욕과 절박한 심정에서 딸을 죽이는 시드(가

---

* **스토리빌**(Storyville)：1897년부터 1917년까지 뉴올리언스에 있었던 공창(公娼)지구. 재즈 음악을 형성하는 근거지 역할을 했다.

너 역의 등장인물)의 행위를 통해 드러난다. 모성애가 낳은 엄청난 행위에 빠져든 모리슨은 2년간 생각에 생각을 거듭한 끝에 칩거하며 시드의 이야기를 썼다고 한다. 그녀는 작가 마이클 블리츠가 제공한 자료에 힘입어, 오하이오 강가에 살았던 흑인들의 노동기회, 주택, 의복, 가구, 물가(物價), 고문기구들, 신시내티 사회, 그리고 특히 백인 노예폐지론자들에 관한 자세한 이야기들로 작품에 간을 맞췄다. 백인 노예폐지론자들은 도망노예법의 통과 이후와 재통합 기간중 흑인들의 생명줄이었다.

　모리슨은 허구 인물인 시드에 대한 예술적 관점을 유지하기 위해 실존인물 마거릿 가너—가너는 주인에게 돌려보내졌음—의 이야기에서 벗어난다. 작품에서는 '학교선생'으로만 알려진 잔인한 노예감독이 켄터키로 시드와 그녀의 아이들을 데리고 돌아가지 않는 상황을 설정하지만, 이 소설의 헌사를 통해 독자들은 모리슨이 내심으로는 실제 사실을 다루고 있음을 알게 된다. 그녀가 헌사에서 언급하는 '6천만 명 이상'은 2백 년에 걸친 노예제도의 희생자들, 즉 익사, 질병, 상어, 채찍질, 신체절단, 태우기, 삶기, 강간, 거세, 기아, 그리고 기타 공포들을 피하지 못한 사람들이다. 모리슨은 학자들이 제시하는 수치 가운데 최대 희생자 수를 인용했다고 하면서, "나는 단 한 사람도 누락되는 것을 바라지 않았다"고 설명했다.

　1992년에는 〈재즈 *Jazz*〉를 출간했다. 이 작품은 조 트레이스와 그의 처 바이올렛, 그리고 그가 살해하는 연인 도르카스의 이야기다. 소설의 배경은 1880년에서 1926년까지 미국 흑인 역사에서 일어난 사건들이고, 주요 내용의 상당 부분은 1920년대의 할렘에서 벌어진다. 이 소설은 변화의 중요성을 나타내기 위해 블루스와 재즈를 이용해 공동사회, 예술적 표현, 개인적 성장이란 주제를 탐구한다.

〈낙원 *Paradise*〉(1998)에서도 흑인 사회에 대한 탐구는 계속된다. 이 작품은 오클라호마 주 루비의 역사를 파헤친다. 루비는 흑인만 사는 도시로, 이곳 주민들은 다른 세계와 교류를 끊으면 압제나 배척으로부터의 자유가 보장되지 않는다는 사실을 깨닫게 된다.


## 비평가들이 보는 모리슨

모리슨의 성공을 확신한 비평가들은, 잔인하지만 다감한 솔직성, 통속성, 구전의 전통과 신화를 활용하면서 보여준 작가의 격조와 호소력에 찬사를 보내왔다. 루비 디는 그녀의 첫 소설을 비평하면서 "토니 모리슨의 첫 작품 〈가장 파란 눈〉을 방금 다 읽었는데 마음이 아프다"고 썼다. 미즈의 편집장을 지낸 마르시아 길즈피는, "모리슨의 여인들 중 어떤 이들은 크고 힘세지만 또 어떤 사람들은 남의 눈에 띄지 않고 무력하며, 어떤 이들은 위험을 무릅쓰고, 어떤 이들은 안전지향주의자다"라고 말했다. 이어서 "그들 모두를 통해 모리슨은 우리에게 묻고 있다. 권력이란 무엇인가? 사랑은 무엇인가? 진정한 삶의 대가는 무엇인가? 당신은 누구와 무엇의 소유권을 주장할 수 있으며, 또는 통제할 수 있는가? 당신은 살아가기 위해 어떤 계략을 써야 할 것인가? 당신은 자신을 어떻게 정의하는가? 이러한 통찰력 있는 질문을 하다 보면 우리는 모리슨이 흑과 백의 관계에만 의문을 제기하는 것이 아니라 그 이상의 것, 즉 인간성이란 지형을 탐사하고 있음을 상기하게 된다"고 덧붙였다.

토니 모리슨의 소설 전개방식을 강력히 지지하는 비평가 넬리 Y. 매케이는 상상력 풍부한 내면대화의 흐름과 조절에 찬사를 보낸다. 매케이는 모리슨의 기법을 제임스 조이스*와 윌리엄 포크너에 비교하면서 모리슨이 중요한 문학적 움직임과 그 시기에 나타난 문학적 양식을 흡수하면서도 흑인으로 산다는 것의 의미에 대한 자신만의 이해에 줄곧 충실하다는 점, 즉 한 인종 전체의 집단적인 눈을 통해 세상을 본다는 점에 대해 언급한다. 토니 케이드 밤바라의 말처럼 모리슨은 기품이

---

* **제임스 조이스**(James Joyce. 1882-1941): 아일랜드의 소설가 · 시인 · 극작가. 20세기 전반 서구를 풍미하던 모더니즘 문학을 주도한 대표적 작가. 〈율리시스 *Ulysses*〉(1922)는 이른바 소설문학의 극한까지 추구한 인간의식의 백과사전으로까지 불리고 있다. 대표작은 단편집 〈더블린 사람들 *Dubliners*〉(1914), 〈젊은 예술가의 초상 *The Portrait of the Artist as a Young Man*〉(1916), 그리고 시집 〈실내악 *Chamber Music*〉(1907) 등.

있고 당당하다. 그녀는 늘 큰 쟁점들과 용감하게 맞붙는 작가
다. 결코 왜소하지 않다.

　　모리슨은 유럽 중심주의, 즉 백인 중심적인 견해를 탈
피함으로써 흑인 문학을 해방시키고 확대했다. 비평가 댄 크
라이어는 미국 흑인들의 삶을 묘사하는 모리슨의 소설들을 '유
려하고 서정적이며, 블루스 음악처럼 슬픔과 즐거움이 가득하
고, 동시에 흑인 형제들에 대한 웅변적 비탄과 그들의 저력에
대한 찬사로 가득 차 있다'고 설명한다. 포기하거나 굴복하거
나 신념 상실로 움츠러들기를 거부하는 것이야말로 그녀의 등
장인물들을 기억할 만하고, 더더욱 칭찬할 만하게 만드는 동
력이다.

　　모리슨은 등장인물들의 영혼에 녹아들면서 신비스러운
'무엇'을 낳는다. 이것은 죽은 자들과의 대화, 즉 지나간 시대
와 장소의 영혼들과 소통하는 듯한 경험이다. 모리슨은 소설
의 등장인물들과 자신을 동일화하고 그들을 실감나게 묘사하
는 능력을 인정받아 '여자 마술사'란 별명을 얻었다. 그녀는
이런 표현이 음악과 구전되는 전통 — 아직 기록되지 않아 사
라지기 쉽고 덧없는 상태로 존재하는 이야기들 — 에 대한 집
단적 자각을 이끌어낸다고 믿기 때문에 자신의 기법을 정략
적인 것으로 간주한다. 더불어 등장 인물들에 대해 경건할 정
도의 관심을 갖고 글을 쓰기 때문에 인종, 성, 사회적 · 정치적
상황, 그리고 시간을 초월하는 탁월한 소설이 나오는 것이다.

　　1988년 3월 31일, 모리슨은 〈빌러비드〉로 퓰리처상을 받았고, 1993년에는 흑인 여성 최초로 노벨 문학상을 수상했다. 노벨 재단은 그녀가 선견지명의 힘과 시적 의미를 띤 소실들을 통해 미국적 현실의 핵심적 측면에 생명을 불어넣었다고 발표했다.

작품 노트

## 작품의 개요

역사소설, 공포소설, 성장소설로 분류되는 〈빌러비드〉
는 노예제도에 감춰진 무서운 죄악의 짐을 짊어지는 많은 등
장인물들의 억제되지 않고 굴할 줄 모르는 정신을 파고든다.
이 소설의 핵심인 범죄에 일부 독자들이 역겨워하기 때문에
소수의 비평가들은 모리슨의 작품을 연속극, '검은 얼굴을 한
대학살 소설', 또는 〈암흑의 심연 *Heart of Darkness*〉의 개정판
이라고 혹평하기도 했다. 여기에 반발한 모리슨은 "흑인들의
가치관이 사회 전체에 받아들여질 수 있도록 하는 것이 나의
소임은 아니다"고 주장했다. 오히려 모리슨은 참을 수 없을
정도로 학대받던 노예들이 특히 노예해방 이후 — 당시 노예들
의 기대수준은 높았지만 사회적 지위는 재배농장 시대와 다를
바 없었다 — 에 제구실을 잘 해냈다는 사실에 경탄했다.

모리슨은 한 여성이 자녀들을 노예 사냥꾼들의 손아귀
에서 벗어나게 하기 위해 자녀들을 희생시킨 신시내티의 한
살인사건을 소재로 삼았다. 모리슨이 볼 때 노예제도는 흑인
어머니들에게 모성애를 느낄 권리를 주지 않았으며, 결국 그
들로 하여금 자식들 — 특히 노예선 선원들, 노예 감독자들 및
노예 소유주들이 아버지인 자식들 — 에 대해 모순된 인식을
갖도록 만들었다. 모리슨에 따르면 "이 여성들은 어머니가 아
니고 번식자였다." 〈빌러비드〉에서는 노예 어머니와 자식들이

자유를 경험할 때 나타나는 모성 심리를 탐구한다. 더 이상 '번식자'가 아닌 어머니는 자식들을 완전하게 마음껏 사랑하며, 그들을 보호하려고 상상을 초월한 희생을 감수한다.

〈빌러비드〉의 힘은 시드가 저지른 범죄의 본질에 대해 거부할 수 없는 호기심을 불러일으키는 모리슨의 능력에서 나온다. 순응과 인내에 관한 한 편의 학술논문이라고 할 만한 이 작품은 죄의식에 빠져 거의 미친 상태가 된 생존자가 탄생하는 고통스러운 과정에 공감하는 다양한 독자들로부터 사랑을 받고 있다.

## 줄거리

〈빌러비드〉는 시간순으로 전개되지 않고 과거의 재현, 추억, 악몽으로 구성된다. 그 결과 윌리엄 포크너, 제임스 조이스 또는 버지니아 울프의 작품을 접해 본 적이 없으면 읽기가 쉽지 않다.

이름 없는 노예 부모에게서 태어난 열세 살짜리 시드가 스위트 홈에 도착한다. 스위트 홈은 인간미 넘치는 노예주 가너와 그의 부인 릴리안이 운영하는 켄터키의 전원풍 재배농장이다. 시드는 그곳에 온 지 채 1년이 안 되어, 할리 석스를 남편으로 맞고, 열여덟 살에는 세 아이의 엄마가 된다. 가너가 죽자 그의 부인은 농장 관리권을 학교선생인 남편의 매제에게

넘긴다. 그는 잔인한 감독관이 된다.

학교선생의 잔인함으로 인해 스위트 홈의 남자 노예인 폴 디, 할리, 폴 에이와 식소는 탈출을 꾀한다. 8월, 만삭의 시드는 아들인 하워드와 뷰글러, 그리고 딸인 빌러비드가 팔려갈까봐 두려워 그 아이들을 마차에 태워 신시내티의 할머니 댁으로 피신시킨다. 학교선생은 그녀가 저지른 일을 알게 되고, 할리가 마구간 다락방에서 지켜보는 가운데, 두 조카를 시켜 시드의 젖을 빨게 하고, 자기는 노트에 뭔가를 적는다. 시드는 병든 가너 부인에게 이 만행을 이른다. 조카들은 그 보복으로 그녀의 등이 찢어질 때까지 소가죽으로 때린다. 학교선생은 탈출을 기도한 식소를 산 채로 불에 태우고, 폴 에이의 목을 매단다. 시드는 스위트 홈을 떠나기 전 폴 디와 맞닥뜨린다. 그는 탈출 공범으로 몰려 목에 무쇠 족쇄를 달고 있다. 시드는 혼자 탈출한다.

수풀을 헤치고 도망치던 시드는 탈주한 백인 계약노동자 에이미 덴버의 도움을 받아 네 번째 아이를 낳는다. 이어서 그녀는 거룻배 사공 스탬프 페이드의 도움으로 오하이오 강을 건너 자유를 찾는다.

신시내티에서 시어머니 베이비 석스, 그리고 아이들과 해후한 시드는 28일 동안 즐거운 시간을 보낸다. 그러던 어느 날 스탬프 페이드는 땔감더미에 나무를 더 쌓고, 베이비 석스와 시드는 뜰에서 일을 하고 있는데 학교선생, 보안관, 노예

사냥꾼, 그리고 학교선생의 조카 하나가 시드와 그녀의 자식들을 붙잡으러 온다. 시드는 자식들을 다시는 노예로 만들지 않으려고 큰딸의 목을 베고, 두 아들을 죽이려 하고, 갓난 딸 덴버의 머리를 박살내겠다고 으름장 놓는다. 보안관은 시드와 덴버를 감옥에 가두고 시드를 교수형에 처하기로 한다. 시드는 장녀의 장례를 치르려고 감방을 잠시 떠난다. 3개월 후 퀘이커교도이자 노예제 페지론자인 에드워드 보드윈과 델라웨어의 흑인 여성들이 압력을 행사해 오하이오 주는 시드를 석방한다. 그녀는 큰딸의 묘비에 '빌러비드'란 이름을 새겨 주는 대가로 몸을 허락한다. 곧 빌러비드의 유령이 블루스톤 가 124번지 베이비 석스의 집에 나타난다.

시드는 사형선고를 받았다가 석방되지만 감방을 나선 후 흑인 사회가 그녀에게 닫혀 있음을 발견한다. 그녀는 보드윈의 도움으로 일거리를 찾고, 고독하지만 안정적인 삶을 살아간다. 시어머니는 흑인 사회에서 완전히 벗어나 지내다 몇 년 후 사망한다. 시어머니의 죽음 이후 머지않아 빌러비드의 유령 때문에 겁을 먹은 시드의 아들들이 집을 떠난다. 막내딸 덴버만 남게 된 시드는 불안과 고독 속에서 나날을 보낸다.

수년 후 비참한 조지아 주의 감옥을 탈출해 북부지방을 전전하던 폴 디가 신시내티에 와서 시드와 재회한다. 그는 즉시 가족을 혼란에 빠뜨리는 유령을 집에서 내몬다. 노예 출신인 시드와 폴 디는 가정을 꾸리려고 하지만 덴버는 폴 디를 불

편해 한다. 시드와 폴 디의 관계는 빌러비드라고 하는 신비스
러운 아가씨의 등장으로 방해를 받는다.

　　　빌러비드는 곧 시드의 집을 장악한다. 그녀는 폴 디를
시드의 침실에서 나오게 한 후 유혹한다. 이 아가씨가 바로 큰
딸이 환생한 것이라고 깨달은 시드는 그녀에게 관심을 집중
한다. 빌러비드는 시드를 타락하고 강박적인 관계에 끌어들이
면서 점점 더 강해지는 반면, 시드의 몸과 마음은 쇠약해진다.
시드는 일을 그만두고 완전히 집에만 틀어박혀 있는다. 시드
는 보드윈을 노예 사냥꾼으로 착각해 얼음송곳으로 찌르려고
하다가 덴버와 몇몇 이웃 여자들의 도움으로 빌러비드의 손아
귀에서 벗어난다. 빌러비드는 사라지고, 폴 디가 돌아온다. 폴
디는 시드가 삶과 스스로의 가치를 재발견하도록 돕는다.

# 등장인물

**시드** *Sethe*  자식들을 사랑하고 노예제도를 증오했기에 자식들을 그 굴레에서 자유롭게 해주려고 상상할 수 없는 행동을 하게 되는 노예 출신.

**빌러비드** *Beloved*  두 살 때 살해된 시드의 세 번째 아이이자 큰딸. 불안한 그녀의 영혼은 처음에는 유령으로, 그 다음에는 육신을 가진 여자로 가족들의 뇌리를 맴돈다.

**덴버** *Denver*  시드의 막내딸. 어머니의 과거행적을 알고 충격을 받은 그녀는 고독하고 소외된 채 자라면서 빌러비드의 유령에게 사랑을 주고 헌신한다.

**폴 디 가너** *Paul D. Garner*  스위트 홈 출신으로 노예제도의 공포를 이겨내고 사려 깊은 사나이가 된 노예 출신. 시드에게 미래를 함께 하자고 제안한다.

**할리 석스** *Halle Suggs*  시드의 남편이자 베이비 석스의 8남매 중 막내. 어머니를 해방시키기 위해 수년간 노동을 한다. 그 자신도 자유를 찾아 탈출 계획을 세우지만 스위트 홈의 학교선생에게 발각되자 중단한다. 그 후 소식이 끊긴다.

**베이비 석스(제니 휘틀로)** *Baby Suggs (Jenny Whitlow)*  시드의 시어머니. 아들 할리 덕분에 자유를 얻은 후 목사가 되어 시드와 덴버의 정신적 지주가 된다.

**뷰글러** *Buglar*, **하워드** *Howard*  시드와 할리의 아들들. 어머니의 행동과 빌러비드의 유령에게 겁을 먹는다. 할머니 베이비 석스의 사망 직후 집을 떠나 다시는 돌아오지 않는다.

**스탬프 페이드(조슈아)** *Stamp Paid (Joshua)*  시드와 덴버를 오하이오 강 건너 자유의 땅으로 데려다 주고 나중에는 덴버를 죽음에서 구해 주는 노예 출신.

**바슈티** *Vashti*  노예로 있는 동안 주인의 정부가 되어야 했던 스탬프 페이드의 아내.

**에이미 덴버** *Amy Denver*  덴버의 출산을 돕는 젊은 백인 계약제 노동자. 시드는 그녀를 기리려고 아기 이름을 덴버로 짓는다.

**가너 씨** *Mr. Garner*  노예들을 인간적으로 대우하는 스위트 홈의 주인.

**가너 부인** *Mrs. Lillian Garner*  베이비 석스와 시드에게 친절하게 대하고, 시드에게 결혼선물로 수정 귀고리를 선물하는 가너 씨의 아내. 가너 씨가 죽은 후 병이 들어 스위트 홈의 관리를 잔인한 학교선생에게 맡긴다.

**학교선생** *Schoolteacher*  가너의 죽은 여동생의 남편. 가너 씨가 죽은 후 스위트 홈의 관리를 맡는다. 스위트 홈 노예들의 특징과 행태 연구에 매료되며 그들을 자기에게 이익을 가져다 주는 동물로 취급한다.

**식소** *Sixo*  30마일의 여인과 관계를 유지하는 스위트 홈의 노예. 농장을 탈출하려다 붙잡혀 산 채로 불태워진다.

**30마일의 여인(팻시)** *The Thirty-Mile Woman (Patsy)*  식소의 연인으로 스위트 홈을 탈출하는 무리에 합류하며 다른 노예들이 붙잡힐 때 체포를 면한다.

**폴 에이 가너** *Paul A Garner*  할리, 폴 디와 친한 스위트 홈의 노예. 그들과 함께 탈출을 모의한다.

**맴** *Ma'am*  아프리카에서 데려온 이름 없는 시드의 어머니. 중노동에 시달려 시드와 함께 시간을 보내지 못하며 시드가 어릴 때 교수형 당한다.

**낸** *Nan*  시드의 어머니와 같은 배에 실려 바다를 건너온 농장의 외팔이 유모. 시드에게는 일종의 대리모로서 '백인 아기들'에게 젖을 먹인 후 시드에게 젖을 물렸다.

**폴 에프 가너** *Paul F. Garner*  스위트 홈에 있던 세 명의 폴 중 한 사람. 가너 씨가 죽은 후 곧 가너 부인의 농장운영비 마련을 위해 신원 미상의 소유주에게 팔린다.

**휘틀로** *Whitlow*  매도증서에 베이비 석스의 이름을 제니 휘틀로라고 쓴 베이비 석스의 전 소유주.

**하이 맨** *Hi Man*  폴 디와 함께 조지아 주의 감옥에 있던 흑인 죄수.

**버디 씨 부부** *Mr. and Mrs. Buddy*  에이미 덴버의 소유주. 버디 씨는 노예 감독만큼이나 악독해서 자기를 똑바로 쳐다보면 채찍질을 가한다.

**엘라** *Ella*  신시내티에 있는 베이비 석스의 이웃. 시드와 덴버가 처음 그곳에 왔을 때 강둑에서 베이비 석스의 집으로 데려다 준다. 몇 년 후 동네 여자들을 동원해 집에서 빌러비드 유령을 쫓아낸다.

**제이니 왜곤** *Janey Wagon* 보드윈 집의 남자 하인

**존스 여사** *Lady Jones* 베이비 석스의 이웃. 후에 덴버가 가난을 벗어나는 데 도움을 준다.

**파이크 목사** *Reverend Pike* 리디머 교회의 목사

**소여** *Sawyer* 시드에게 일자리를 제공하는 신시내티의 음식점 주인

**에드워드 보드윈** *Edward Bodwin* 지하철도(노예 탈출을 돕는 조직)를 후원하는 마음씨 좋은 퀘이커교도. 베이비 석스가 신시내티에 정착하도록 도와주고 나중에는 덴버에게 일자리를 준다.

**보드윈 양** *Miss Bodwin* 에드워드 보드윈의 여동생으로 노예제 폐지를 지지.

**넬슨 로드** *Nelson Lord* 덴버의 학교 친구. 시드의 과거를 물어 봐서 덴버가 공부를 그만두게 하는 역할을 한다.

# 작품 속 연대기

　　토니 모리슨은 순환식으로 서술하기 때문에 사건들은 보통 한참 후에, 시간 순서와는 달리 다양한 화자들의 말을 통해 드러난다. 다음은 줄거리의 기초가 되는 사건들을 연대별로 구성한 것이다.

- 1795　　노예 베이비 석스 탄생

- 1803　　오하이오가 주가 된다.

- 1805　　에드워드 보드윈 탄생

- 1808　　보드윈 가족이 블루스톤 가에서 코트 가로 이사

- 1818　　베이비 석스의 아들 타이리와 존이 탈주

- 1835　　'맴', 시드 출산
　　　　　할리 태어남. 폴 디가 스위트 홈에 도착

- 1838　　가너 부부는 보드윈 집안이 노예들에게 친절한 것을 알게 된다.
　　　　　가너 씨가 베이비 석스와 할리를 산다.

- 1848　　시드는 스위트 홈에 와서 베이비 석스의 일을 맡는다. 베이비 석스는 아들
　　　　　할리가 주말 일에 자원해서 자유를 얻어 준다.

- 1849　　가너 부인은 할리와 시드의 결혼에 동의한다. 시드는 남몰래 베갯잇, 스카프,
　　　　　그리고 모기장으로 '침실용 드레스'를 얽어 만든다.
　　　　　토요일, 옥수수밭에서 할리와 시드가 결혼한다.
　　　　　일요일, 가너 부인은 시드에게 결혼선물로 수정 귀고리를 준다.

- 1850  베이비 석스는 할리의 아내가 곧 첫 아이 하워드를 낳을 것임을 알게 된다.

  9월 18일, 의회는 도망노예법을 포함한 타협법안을 통과시킨다.

- 1851  시드의 둘째 아이 뷰글러 출생

  도망노예와 새로 해방된 흑인들의 20년에 걸친 북부 이주가 시작된다.

  가너 씨 사망 후, 가너 부인은 폴 에프를 판다. 그 대금으로 2년을 살다가 학교선생과 그의 조카들을 불러 스위트 홈의 운영을 부탁한다.

- 1854  11월, 할리와 시드의 세 번째 아이이자 첫 딸인 빌러비드가 태어난다.

- 1855  베이비 석스는 본능적으로 1855년을 할리가 죽는 해로 꼽는다. 프렌드 교회의 노예제 폐지운동이 전성기를 누린다. 스위트 홈 노예들이 탈출을 시도하지만 실패한다. 노예상태를 벗어나기 전 시드는 학교선생의 조카들에게 폭행당한다.

  월요일, 시드는 할리가 죽었다는 사실이 두렵다. 에이미는 덴버를 오하이오 강 부근의 집으로 데려가는 일을 돕는다. 스탬프 페이드가 이 둘을 나룻배에 태워주고, 엘라가 그들을 블루스톤 가 124번지로 인도한다. 거기서는 베이비 석스가 만신창이가 된 시드를 돌본다.

  4주 후, 스탬프 페이드는 베이비 석스에게 딸기 두 통을 전달하는데, 베이비 석스는 이 선물을 90명을 위한 잔치에 쓴다.

  다음날, 시드는 학교선생과 그의 조카들이 와서 자신과 자식들을 스위트 홈으로 데려가려 하자 큰딸을 살해하고 다른 자식들도 죽이려 한다. 시드와 덴버는 수감된다.

- 1856  폴 디는 조지아 주의 앨버트 수용소에서 83일간 쇠사슬에 묶여 지낸다.

- 1857  1월, 진흙사태로 조지아 주 앨버트의 죄수들은 체로키의 한 수용소로 강제 이송된다.

  2월, 폴 디는 북부로 탈주하기 시작한다.

  7월, 폴 디는 델라웨어에 도착하고, 베 짜는 여인과 동거한다.

- 1858  보드윈 씨의 도움으로 시드는 소여의 음식점 주방에서 일한다.

- 1860  1월, 폴 디는 노스포인트 은행과 철도회사에서 일자리를 얻어 델라웨어를 떠난다.

- 1862    덴버는 레이디 존스 학교에 다닌다.

- 1863    넬슨 로드가 덴버에게 시드의 형기를 묻자 덴버는 학교를 그만둔다.

- 1864    덴버는 증계에서 유령이 기어가는 소리를 듣는다. 크리스마스를 맞아 보드
           윈 양은 시드와 덴버에게 향수를 사주고, 베이비 석스에게는 숄을, 아이들
           에게는 오렌지를 사준다.

- 1865    뷰글러와 하워드가 집을 떠난다. 베이비 석스는 4월 9일 아포매톡스 법정
           에 인도되기 전 죽는다. 덴버는 할머니를 그리워하며 시드에게 블루스톤 가
           에서 이사를 가자고 조른다.

- 1866    폴 디는 뉴저지 주 트렌턴에서 일자리를 잡는다.

- 1869    폴 디는 로체스터에 5명의 여인과 14명의 소녀가 오는 것을 바라보며 '디
           보어 가에 있는 목사'를 찾는다.

- 1873    8월의 월요일, 폴 디가 신시내티의 블루스톤 가 124번지에 온다.

           목요일 오전 11시, 폴 디가 덴버와 시드를 데리고 목재 야적장 옆의 사육제
           에 긴다.

           목요일 오후 늦게, 빌러비드가 사람의 몸을 하고 나타나서 시드 집 밖의 그
           루터기에 앉는다. 빌러비드는 오줌을 지린다.

           월요일, 덴버가 서성이자 빌러비드는 거실에서 깨어난다.

           목요일, 빌러비드는 누비이불 위의 오렌지색 헝겊조각을 발견한다.

           빌러비드가 온 지 4주, 빌러비드는 시드의 어머니에 대해, 그리고 시드의
           '다이아몬드 귀고리'에 관해 묻는다.

           빌러비드가 온 지 5주, 폴 디는 빌러비드에게 개인신상에 관해 다그쳐 묻는
           다. 그는 시드에게 학교선생의 조카들이 시드가 스위트 홈을 탈출하기 전
           그녀를 다치게 하고 괴롭히는 것을 남편 할리가 목격했다고 밝힌다.

           가을쯤 폴 디가 시드의 침대에서 나온다.

           겨울에 빌러비드는 폴 디를 유혹한다.

           3주 후, 폴 디는 자신의 부정에 죄책감을 느낀다. 그는 시드에게 고백하려
           고 소여의 음식점을 찾지만, 사과 대신 시드에게 자기 아이를 낳아 달라고
           제의한다.

- 1874    스탬프 페이드는 빌러비드의 살해사건에 관한 신문기사를 폴 디에게 읽어
          준다. 폴 디는 시드의 행위를 나무라고 그 집을 떠난다. 엿새 연속 스탬프
          페이드는 시드의 집 문 앞을 서성대지만 매번 노크도 없이 떠난다.

- 1875    1월, 덴버, 빌러비드, 시드는 얼어붙은 냇가에서 놀며 서로 함께 지내는 기
          쁨을 누린다.

          3월, 시드는 빌러비드의 목에 있는 흉터를 발견한다. 시드가 그녀를 죽일
          때 생긴 것이었다. 그달 말에 시드는 빌러비드를 달래기 위해 평생 모은 돈
          을 음식과 의복에 쓴다.

          4월, 덴버는 존스 여사에게 일자리를 부탁한다. 그녀는 덴버에게 음식을 준
          다.

          여름의 어느 금요일, 에드워드 보드윈이 일터에 가려고 덴버를 데리러 올
          때 30명의 여자들이 블루스톤 가 124번지로 접근한다. 시드는 보드윈이 자
          기 아이들을 데려가려는 줄 알고 얼음송곳으로 그를 찌르려고 한다. 엘라가
          그녀를 말리고 덴버는 엄마를 몸싸움 끝에 바닥에 주저앉힌다. 만삭의 빌러
          비드가 현관에서 사라진다.

          빌러비드가 사라진 이후 며칠 또는 몇 주, 시드가 몸져눕는다. 폴 디가 돌아
          와 그녀가 새로운 삶을 살도록 돕는다.

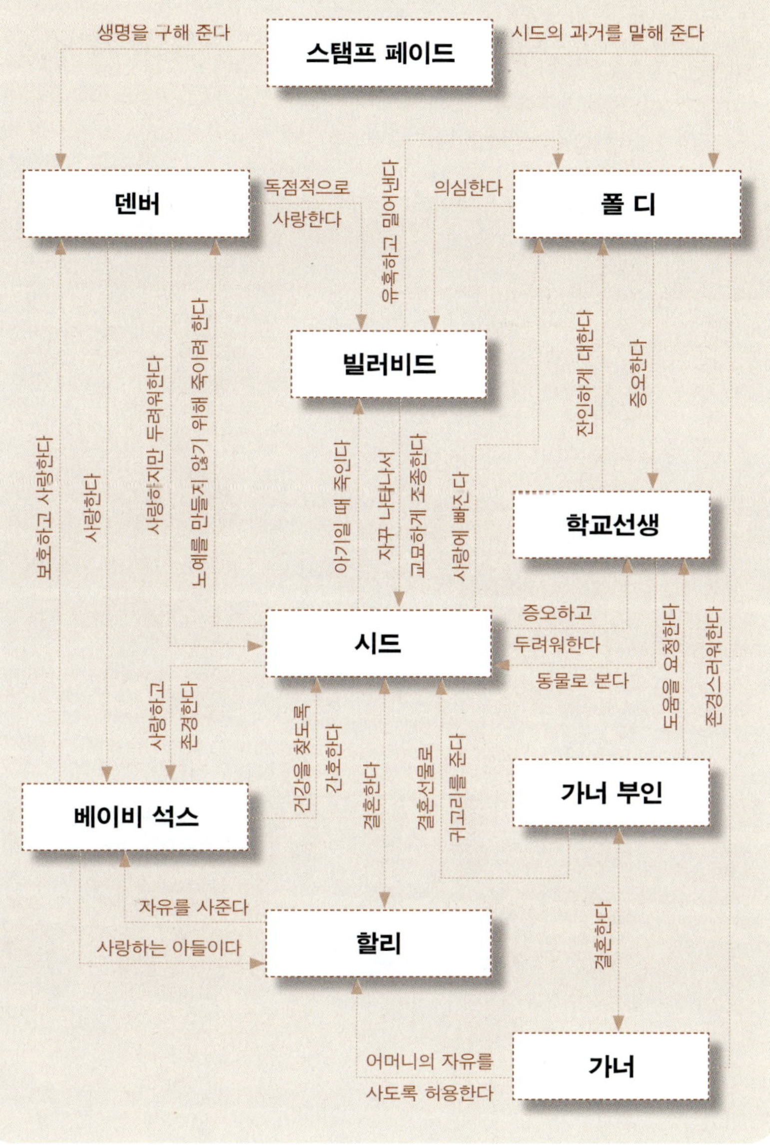
스탬프 페이드
덴버
폴 디
빌러비드
학교선생
시드
베이비 석스
가너 부인
할리
가너
생명을 구해 준다
시드의 과거를 말해 준다
독점적으로 사랑한다
의심한다
야속하고 밀어낸다
보호하고 사랑한다
사랑한다
사랑함지만 두려워한다
노예를 만들지 않기 위해 죽이려 한다
아기일 때 죽인다
자주 나타나서
교묘하게 조종한다
사랑에 빠진다
잔인하게 대한다
증오한다
증오하고
두려워한다
동물로 본다
도움을 요청한다
존경스러워한다
사랑하고
존경한다
건강을 찾도록
간호한다
결혼한다
결혼선물로
귀고리를 준다
결혼한다
자유를 사준다
사랑하는 아들이다
어머니의 자유를
사도록 허용한다

Chapter 별
정리
노트

# 제사*

　　지중해 연안에 걸쳐 발전하고 있던 교회에서 예수의 대변자 역할을 했던 사도 바울은 기독교인들에게 그들이 은총을 통해 하나님의 사랑을 받는다는 점을 깨닫게 하려고 끊임없이 편지를 쓴다. 비록 그들이 반항적이고 다루기 힘들지만, 하나님은 진정으로 '사랑받지' 못한 사람들에 대한 사랑으로 그들에게 영광을 내린다.(로마서 9장) 모리슨의 머리말은 은총, 사랑, 용서를 소재로 한 소설에 적합한 글이다. 이 부분은 첫 장의 어조를 설정하고 있다. 첫 장에서는 사악한 유령이 시드네 가정 — 노예제는 없으나 여전히 예속이라고 하는 정신적 짐을 짊어지고 있는 — 의 평화를 파괴한다. 어떤 측면에서 보면 분노에 차고 무섭기도 한 바울의 말에는 약속이 들어 있다. "하나님은 당신의 역사를 끝내실 것이고, 그 일을 정의롭게 단축하실 것이요." 왜냐하면 하나님은 땅 위에서 하시는 일은 빨리 끝내시기 때문이다. 보통 사람의 말투로는 행동을 바르게 하든가 아니면 그만두라는 뜻이다. 하나님은 독실한 신자들을 위해 돌아오시고 그들을 모아 신속하고도 확실하게 천국으로 데려가시기 때문이다.

---

* **제사**(題詞) : 책의 첫머리에 그 책과 관계되는 노래나 시 등을 적은 글.

제 1 부

# Chapter 1

## 폴 디, 124번지에 나타나다

1873년, 노예출신인 시드는 바깥세상과 담을 쌓고 지내는 열여덟 살 짜리 딸과 함께 오하이오 주 신시내티 외곽, 유령이 출몰하는 블루스톤 가 124번지의 2층집에서 산다. 그 집은 한때 할머니 베이비 석스, 시드의 두 아들 뷰글러와 하워드, 어린 딸 빌러비드가 함께 사는 가속의 보금사 리였다. 이제 시드와 덴버 외에는 아무도 없다.

베이비 석스가 세상을 떠난 후 거의 9년이 되었을 무렵, 시드와 덴버 의 고립된 삶은 예기치 않은 폴 디의 도착으로 달라진다. 폴 디는 시드와 남편 할리, 그리고 그 자녀들이 노예로 있었던 켄터키의 노예농장 스위트 홈에서 살아남은 사람이다. 시드와 폴 디는 그들이 겪은 노예생활의 기억 들을 대화를 통해 들추어낸다. 자식은 없지만 마음씨 넓은 가너 부부가 수년간 소유했던 노예들은 결국 이름이 알려지지 않은 학교선생의 잔인 한 압제의 손아귀로 들어가게 되었는데, 그는 노예농장의 평화를 파괴하고, 노예들을 반항과 탈주라는 필사적인 수단에 호소하게끔 내몬다.

시드는 폴 디에게 스위트 홈에서 탈출하지 않을 수 없었던 파국적인 사태에 대해 밝힌다. 네 번째 아이를 임신중인데다 학교선생의 손아귀에

놓인 가족의 미래가 걱정된 시드는 아들들과 딸을 옥수수밭에서 대기하고 있던 한 여인의 마차에 맡겼다. 하지만 그녀는 탈출하기 전에 학교선생의 조카인 백인 소년들에게 젖을 빨리고 가죽 채찍으로 맞게 된다. 시드는 엄청난 고통에도 불구하고, 그날 밤 스위트 홈을 빠져 나온다. 한 백인 여자가 그녀를 간호해 주고, 둘째 딸을 낳도록 도와준다.

시드는 나중에 큰딸이 목이 베여 죽었노라고 밝힌다. 노예처지를 잘 이해하는 폴 디는 시드의 등에 난 깊은 상처를 어루만져주고 다른 손으로는 가슴을 쓰다듬는다. 시드의 집에 출몰하는 죽은 딸의 유령은 시드와 폴 디가 가까이 지내자 화를 내며 집안을 온통 흔들어놓는다. 폴 디는 그 유령을 내쫓고 시드를 침대로 데려간다. 한편, 덴버는 현관에 앉아 유령이 없는 것을 아쉬워하며 폴 디가 자기와 어머니의 인생에 끼어든 것에 분개한다. 덴버는 자신의 고독과 걱정을 빵과 젤리로 달랜다.



문학적
장치
소위 '마술의 옅은 안개'라고 앤 타일러가 말하듯, 베일에 가려진 소설 〈빌러비드〉는 124번지라는 집 주소로부터 시작한다. 124는 여러 가지 수적 가능성을 암시하는 반복되는 주문이다. 상징적 차원에서 볼 때 1+2+4는 7이 되는데, 이는 빌러비드의 묘석에 있는 글자 수다. 기독교에서 7이란 숫자는 완성과 완벽뿐만 아니라 자선, 은총, 성령을 나타낸다. 이 소설 후반부에서 알게 되겠지만 빌러비드의 죽음은 시드나 그녀 가족의 인생, 그리고 이 모든 요소의 종말을 의미한다. 빌러비드가 죽었을 때 가족들은 마을 사람들의 자선, 함께 행복하게 지내는 삶의 은총, 그리고 베이비 석스의 성령과의 교섭을 잃었다. 숫자 124는 연속적으로 볼 때 이러한 불완전함을 강조한다. 3은 시드의 세 번째 아이가 가족 중에서 빠져 있는 것처럼 이 연속된 숫자 안에서 빠져 있다. 더욱 복잡한 연산식은 시드가 스위트 홈에 와서 할리를 남편으로 택한 것을 가리키는데, 하나가 둘이 되고 둘이 넷이 됨으로써 네 명의 자녀가 되는 것을 나타낸다.

**문학적 장치** 1장은 모리슨의 주제들을 떠받치는 많은 모티프—반복되는 아이디어와 이미지들—를 소개한다. 숫자 이외에 또다시 나타나는 의미심장한 모티프는 다음과 같다.

●**수성**(獸性)—다시 말해 동물적 특성을 갖는 것. 이 모티프는 '아기의 독(毒)'과 시드가 엎드려 '네 발로 기는' 것에 대한 언급으로 나타난다. 소설 후반부에서는 시드가 아직 태어나지 않은 아기를 '작은 영양'이라고 부르고, 가너의 노예들이 망아지들과 교미하는 대목에서 볼 수 있다.

●**색깔**—특히 블루스톤 가의 잿빛 집과 2층 침실로 이어지는 흰색 계단.

●**식물들**—시드가 서둘러 자기 다리에서 씻어내는 끈적이는 카밀레액, 잉크를 만드는 데 쓰이는 벚나무 수지와 참나무 껍질, 노예들을 교수형에 처할 때 교수대가 되는 플라타너스 나무들. 특히 산벚나무가 시드의 등에 닿을 때의 격심한 아픔은

독자들로 하여금 시드의 불행을 공감하지 않을 수 없게 한다.

●**모유 수유**─시드의 아기 음식이자, 학교선생의 조카인 백인 소년들에게는 유방을 겁탈하게 하는 요소가 된다.

●**심장**─'온통 붉고 굽이치는 빛'이 암시하는 환영과 양육의 이미지로서 폴 디를 시드의 집에 눌러앉게 한다. 적색은 빌러비드의 서명이며, 베이비 석스가 색깔에만 관심을 쏟은 말년에 피했던 색조이다.

●**철**─시드의 눈과 척추를 묘사하는 이중 상징물. 두 개의 고문장치─하나는 혀에 굴레를 씌우고, 다른 하나는 눕거나 편하게 기댈 수 없도록 목에 두른 족쇄─를 의미.

●**미신**─오빠들이 들려준 '공포의 마녀' 이야기에 관한 덴버의 기억, 그리고 아기 유령에 대한 폴 디의 인식과 '머리 없는 신부'에 대한 언급에서 나타난다.

●**여성의 국부**─'폐경기가 훨씬 지난' 여성들에 의해 잠깐 암시된다.

●**부활**─별 조각들이 박힌 여명의 색을 띤 돌에 내재된 희망찬 이미지.

# Chapter 2



## 노예 시절을 회상하다

　폴 디와 시드의 짧고 만족스럽지 못한 성관계는 두 사람에게 노예제를 상기시킨다. 그는 노예형제인 식소를 회상하는데, 식소는 연인인 팻시를 만나기 위해 왕복 34마일을 걸어다니곤 했다. 시드는 가너 부인을 위해 했던 부엌일을 회상한다. 그녀는 털을 고르거나 잉크를 만드는 지루한 시드의 허드렛일을 도와주었다. 스위트 홈에 올 때 열세 살이었던 시드는 다섯 명의 남자 노예 중에서 남편을 고르는 데 1년이 걸렸다. 가장 신사

다운 할리는 가외 일을 해서 다리를 저는 어머니 베이비 석스를 해방시킨
다. 이런 헌신적인 모습에는 그의 됨됨이가 잘 드러나 있다. 시드는 순진
하게도 가너에게 할리와의 결혼식 주례를 부탁했다. 가너 부인은 노예도
백인과 같은 방식의 결혼의식이 필요하다는 얘기에 비웃음을 짓는다. 시
드는 임시변통한 웨딩드레스를 입고 가너 부인의 옥수수밭에서 짧은 신
혼여행을 즐겼다. 스위트 홈의 다른 노예들은 햇옥수수 성찬으로 시드와
할리의 신혼저녁을 축하했다.




시드는 폴 디와의 관계를 시작할 때부터, 그들의 열정
과 자신과 할리가 나눈 사랑에는 차이가 있음을 깨닫는다. 시
드와 폴 디는 과거의 고통 때문에 괴로운 현실 속에서 관계를
시작하지만 시드와 할리의 관계는 스위트 홈의 목가적인 환경
에서 꽃을 피웠다. 스위트 홈은 에덴동산의 상상속 장식에 둘
러싸이고, 쪽빛 나는 까만 피부의 식소가 벌거벗은 채 걷고 밤
에는 해방의 숲에서 춤을 추던, 나무가 늘어선 안식처였다. 시
드와 폴 디는 대낮에 드러내놓고 사랑을 나눈 반면, 시드와 할
리는 일찍 일어나 늦게 잠들었기 때문에 평일에는 시간이 없
어 축복과 영적 교섭의 날인 일요일에 서로의 얼굴을 응시하
는 기쁨을 기다리곤 했다.

 신체적·시각적·구술적·청각적인 이미지로 가득 찬
옥수수밭의 은유에는 두 가지 모티프, 즉 초목과 여성
의 국부가 어우러져 있다. 시드의 음핵('알맹이에 닿기 위해
옥수수 수염을 헤치고 알맹이 하나라도 상하지 않게 하려고
그의 손톱 끝을 껍질 바로 밑에 넣으며')과 할리의 음경 귀두
('빳빳한 칼집 같은 껍질을 벗겨 내리며')에 대한 묘사는 "속
껍질은 그에게 항복하고 열지어 늘어선 수줍은 알맹이들을 마
침내 드러냈다"는 온화하고 처녀 같은 이미지들로 바뀐다. 이
런 이미지에 도취된 모리슨은 "비단올이 참 성겼군"이라고 되
뇌면서 시드의 소녀 같은 아름다움을 암시한다. 시드의 음모
는 여전히 가늘고 성기고 자유롭다. 그것들의 결합은 두 연인
에게는 순조롭다. 왜냐하면 그 '소박한 기쁨'이 그들의 기대를
충족시키기 때문이다.

# Chapter 3

 덴버, 내 인생의 모든 것

외로운 소녀 덴버는 동심원을 이룬 회양목들 사이로 몸을 숨겨 콜론 향수를 들이마신다. 그녀의 기억은 엄마 시드가 하얀 드레스 옆에서 '그 소맷자락을 허리에 두르고는' 무릎을 꿇고 기도하는 모습을 본 과거로 돌아간다. 덴버는 자신의 출생 이야기와 엄마 시드가 어렴풋이 기억하는 맴이라고만 알려진 외할머니에 대한 이야기를 즐겨 듣는다. 덴버는, 죽음을 각오하고 버디 씨의 잔학함을 피해 보스턴 쪽으로 도망치고 있던 엄마 시드를 백인 하녀 에이미 덴버가 구해 줬다는 일화를 들으며 생각에 잠긴다. 에이미의 격려와 응급처치로 시드의 발의 부기는 가라앉았고, 이어 학교 선생의 손아귀로부터 멀리 떨어진 안전한 곳으로 갈 수 있었다.

세 번째 목소리인 폴 디의 노래가 한데 어울린다. 폴 디는 감옥에서 불렀던 노래를 부르며 스위트 홈에서 조지아 주의 알프레드 수용소로, 다시 델라웨어로 이어진 탈출과정을 곰곰 생각하고 있다. 폴 디는 신시내티에 정착할지도 모른다고 운을 떼면서 시드에게 일자리에 대해 물어 보고, 자신이 이곳에 머무는 것을 덴버가 싫어할지 묻는다. 덴버를 복받은 아이라고 믿는 시드는 폴 디에게 학교선생이 어떻게 신시내티까지 그녀의 가족을 쫓아왔는지 얘기하기 시작한다. 시드는 학교선생이 찾아온 후 감옥에 갇혔던 일과 덴버는 그녀가 감옥에 있을 때도 무사히 함께 지냈다는 사실을 말한다.

**문학적 장치** 모리슨은 복잡하고 순환적인 서술기법으로 다양한 관점에서 소량의 정보를 짜내는데, 이 같은 정보 조각만으로는 이야기의 전반적인 흐름을 알 수 없다. 하지만 한 형태의 윤곽이 되는 이러한 조각들은 독자들의 긴장감을 끌어내기에 충분할 만큼 명확하다. 시드는 중요한 정보를 밝히지 않고 덴버는 줄곧 과거와의 어떤 막연한 연관성을 예측할 때, 독자들은 산만해져서는 안 된다. 시드는 폴 디에게, 덴버는 자기 인생의 중심이며 매일 그 애만을 생각하며 산다는 점을 분명히 밝힌다. 감방 쥐들이 "그 안의 모든 걸 깨물었지만 덴버만은 물지 않았다"는 짤막한 언급만 보더라도 시드가 덴버를 어떻게 보호했는지 알 수 있다. 내용을 최대한 감추기 위해 세부 설명을 피상적으로 하기 때문에 블루스톤 가 124번지에 도착한 노예 사냥꾼들과 시드의 감옥생활 사이에 벌어진 이야기가 모호하다. 한편, 덴버가 운 좋게 보호를 받고 있다는 시드의 설명은 덴버가 고독에서 탈출하려고 들어가는 동심원 모양의 회양목 수풀에 상징적으로 나타나 있는 듯 보인다. 덴버가 들어간 숲은 에덴동산의 또 다른 상징으로서 그녀의 할머니가 한때 설교했던 그곳을 종교적으로 다루고 있음을 암시한다.

자궁 모양의 카누에서 덴버가 태어난 것도 국부 이미지의 모티프를 더하고 있다. 노예주와 자유주를 갈라놓는 강에서 자신이 태어났다고 상상하면서 덴버는 즐거워한다. 왜냐하면 이 사건은 시드의 헌신적인 모성애를 압축해서 보여주기 때문이다.


고통스러웠던 과거의 기억들이 시드와 폴 디에게 주는 중압감은 여성과 남성 특유의 전형적인 반응을 보여준다. 시드는 덴버를 예전의 공포에서 보호하려고 자기 집처럼 침묵이라는 (갑옷의) 가슴받이로 감싼다. 폴 디는 굶주림, 노동, 무료함 그리고 노예감독에 복수하려는 충동의 억제를 상기시키는, 불안하고, 절박하고, 남성적인 구절의 노래를 부르면서 애환을 잊는다. 그는 여성이 지배하는 이 집에는 남성적 노래가 어울리지 않음을 깨닫고는 억눌린 에너지를 깨진 유리창과 탁자 다리를 수선하는 데로 돌린다. 그가 안정된 일자리와 가정생활을 염두에 두기 시작하면서 그의 협조적인 태도는 결과적으로 집안에 깨지기 쉬운 조화를 가져온다.

# Chapter 4



## 카니발에 가다

사흘이 지나자 덴버는 폴 디가 자기 집에 계속 머물 작정인지 알아야 겠다고 다그친다. 시드는 폴 디가 같이 있어야 한다고 말하면서, 덴버가 어린아이처럼 버릇없이 구는 것을 나무란다. 폴 디는 분위기를 바꿔보고자 시드와 덴버에게 '목요일, 내일은 유색인종들을 위한 날…'이라고 하면서 카니발에 가자고 한다. 다음날 아침, 세 사람은 목재 야적장으로 가, 신시내티의 흑인늘 틈에서 광대와 기인들이 니오는 볼거리를 구경한다.



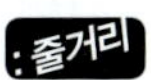

모리슨은 이 짧은 장을 이용해 줄거리와 분위기를 한 걸음 발전시킨다. 18년간 떨어져 있었기 때문에 시드의 고통이나 하나 남은 아이 덴버와의 각별한 관계를 이해하지 못하는 폴 디는 시드가 자신에게 어느 정도의 애정을 갖고 있는지 탐색한다. 동시에 그는 '노예제 직후의 시대에 노예였던 여자가 뭔가를 그렇게 많이 사랑한다는 게' 위험하다는 것을 잘 알고 있다. 시드의 상처를 모르는 그는 자기가 '당신이 넘어지기 전에 붙잡아주겠다'고 약속한다.

 카니발의 오전 여흥이 벌어지는 사이(카니발은 흑인 아이들에게는 공짜다!) 폴 디는 시드와 덴버가 뱀 조련사, 아라비안나이트의 무희, 뚱보 여인 등을 구경하고 있을 때 마지막 남은 2달러로 한턱을 내 두 여자의 환심을 산다. 걸어가는 그들의 그림자는 서로 손을 붙잡고 있는 것처럼 보인다. 시드는 이것을 길조로 생각한다. 하지만 오전 소풍의 전반적인 분위기에는 카니발 놀이꾼들이 '유리를 먹고, 불을 삼키고, 줄을 내뱉고, 매듭처럼 꼬이고, 피라미드를 만들고, 뱀을 조련하고, 서로 때리는' 동안, 위험, 위기, 폭력, 만행, 사지절단 등의 이미지가 어른거린다. 카니발은 흥을 돋우는 역할을 하지만 이 장의 이미지들은 시드가 벗어나지 못하는 무서운 기억들을 덴버와 폴 디에게 밝혀야만 하는 때를 예시한다. 에덴동산의 뱀처럼 뭔가 사악한 것이 똬리를 틀고 기다리고 있다.

# Chapter 5



## 빌러비드의 출현

폴 디, 시드, 덴버가 목요일 오후 늦게 카니발에서 돌아오다가 집 밖에 있는 그루터기에 혼자 앉아 졸고 있는 젊은 여자와 마주친다. 그녀는 시냇물에서 걸어 나왔기 때문에 물에 젖어 씨근거리는 소리를 내고 있다. 폴의 물음에 그녀

는 자신을 빌러비드라고 소개하고, 자신은 성(姓)이 없다고 하면서 모호하게 대답한다. 그녀의 상태가 좋지 않은 것을 염려한 시드와 폴 디는 그녀를 안으로 들인다. 덴버는 기대에 차 몸을 떤다. 빌러비드는 베이비 석스가 살던 방에서 나흘간 잠을 잔다. 폴 디는 빌러비드가 콜레라를 앓고 있을지 모른다고 걱정한다. 덴버는 그녀를 돌보면서 오줌을 지린 이불을 감춰주고 빌러비드가 흔들의자를 한 손으로 들어 올릴 수 있는데도 불구하고 서 있을 때는 약해 보인다고 거짓말을 한다.

모리슨은 이 장에서 그 방문객이 살아 있으면 스무 살 정도 되었을 시드의 딸 빌러비드의 화신이라는 점을 암시하는 세부묘사로 흥미를 돋운다. 미신의 덩굴손들이 다음과 같은 장면에 들러붙어 있다.

● 빌러비드는 물주머니에서 태어난 아이처럼 물에서 나온다.

● 빌러비드의 흔들거리는 머리는 큰 두개골의 무게를 지탱할 수 없는 갓난아기를 연상시킨다. 이 소설에서 그것은 또한 목에서 일부가 잘려나간 머리를 상징한다.

● 빌러비드의 손금 없는 손과 아기처럼 부드러운 안색은 유아의 피부처럼 연약하다.

● 빌러비드의 지독한 갈증은 젖을 먹고 싶어하는 아기를 암시한다.

● 히어 보이라는 개가 사라진 것은 동물들이 악의 존재를 감지하는 능력이 있다고 옛말에서 나오는 고전적 수법이다.

● 시드의 요실금은 출산 전 양수가 터지는 이미지를 가리킨다.

　　　종종 죽은 딸을 생각하며 딸의 유령과 여러 해를 살아온 시드가 그 이름을 자기 딸 빌러비드와 연관짓지 못한다는 것은 이상하다. 하지만 딸이 유령이 아닌 형태로 그녀에게 돌아올지도 모른다는 것은 시드로선 생각할 수도 없는 일인지 모른다. 덴버가 그녀답지 않게 빌러비드에게 알 수 없는 애착을 보이자, 시드는 그녀의 연민이 또래의 여자친구를 사귀고 싶은 마음에서 나오는 것이라고 추측한다. 덴버는 빌러비드야 말로 지금까지 기다려왔던 그 '무엇'이라고 느끼면서 히어 보이는 결코 돌아오지 않을 것이라고 단언한다. 이로써 덴버는 빌러비드의 정체에 대해 알고 있음을 보여준다.

이 장에서 전개되는 사건들은 이야기가 계속되면서 나타나게 될 네 갈래 정서적 갈등의 기초가 된다. 즉 덴버가 엄마의 과잉보호에서 해방되고, 시드가 자신의 내밀한 과거와 맞닥뜨리는 결과를 가져온다. 한편, 조심스레 침묵을 지키며 모녀 사이의 거친 파도를 항해하는 폴 디는, 시드-덴버-폴 디라는 3자 관계가 시드-빌러비드-덴버-폴 디라는 4자 구도로 확대되는 것이 장차 이 집안의 가장이 될 자신의 위상을 크게 약화시킨다는 점을 깨닫게 된다.

# Chapter 6

 시드의 아픈 과거

블루스톤 가 124번지에서 머문 지 4주째. 빌러비드는 시드를 부엌까지 따라다니고, 그녀가 직장인 음식점에서 돌아올 때를 기다리는 등, 시드 곁을 떠나지 않는다. 그리고 시드의 '다이아몬드'에 관해 묻는 등, 배고픈 아이처럼 지난 이야기를 해달라고 조른다. 이 다이아몬드는 예식이나 축하 파티도 없는 결혼을 축하하기 위해 가너 부인이 시드에게 선물로 준 수정 목걸이였다. 시드는 '(자신이) 보따리 장사꾼처럼 보이지 않게 양모 숄로 마무리한' 웨딩드레스를 만들려고 옷감을 훔친 얘기를 들려준다. 옥수수밭에서 토요일 신혼여행이 있은 후 가너 부인은 시드에게 귀고리를 주고 두 사람의 행복을 빌어주었다.

시드의 어머니에 관한 질문에는, 새벽부터 해질녘까지 쪽빛 밭에서 일했고, 일요일에는 종일 잠을 잤다는 것 말고는 특별히 들을 만한 대답은 나오지 않았다. 그녀는 일을 하느라 아기와 함께 있는 시간이 불과 몇 주밖에 되지 않았다. 그런 다음에는 밭에 나갈 수 있도록 아기는 유모에게 맡겨졌다. 한 번은 맴이 시드를 훈제실 뒤로 데려가서는 아기가 언제라도 엄마를 알아볼 수 있도록 젖가슴을 올리고 원과 십자가 낙인을 보여주었다. 시드는 어머니가 교수형에 처해진 후 그 시신을 살펴보았지만 썩어가는 몸에서 문신들을 찾을 수 없었다.

이런 무시무시한 이야기를 떠올리자 시드는 얘기를 멈추고 뭔가를 해야만 했다. 그녀는 축축한 이불을 들고는 어머니 맴에 대한 빌러비드의 끈질긴 질문에 대답하려고 하면서 이불을 접기 시작한다. 시드는, 어머니와 함께 많은 노예들이 살해되었고, 외팔이 흑인 여자 가정교사 낸이 자신의 엄마 역할을 하면서 어머니가 쓰던 토착방언을 가르쳐주었다는 것밖에 기억해낼 수 없다. 슬픈 '기억을 상기하는 것'이 고통스러운 시드는 시어머니 베이비 석스의 포근함이 그리워진다. 시드가 이런 힘든 이야기에서 벗어나 폴 디가 곧 도착한다는 사실에 관심을 돌리자 덴버는 안도한다.



나중에 가학·피학적 상태로 변하는 시드와 빌러비드의 관계는 아무렇지 않게 이야기를 나누는 것으로 시작된다. 이야기 나누기는 흑인 역사와 문학의 핵심인 입에서 입으로 전해지는 전통이다. 시드는 노예시절의 기억들에 대해서는 말하지 않기로 한 베이비 석스와의 무언의 약속을 어기고, 빌러비드의 여러 질문에 대해 '짧게 또는 두서없고 불완전하게 몽환적인 애기'를 해준다. 시드의 기억은 빌러비드에게는 기쁨을 주지만 자신에게는 고통이다. 아기가 어머니의 부드러운 젖을 빨 때처럼 빌러비드가 시드의 과거에 대해 갖는 강렬한 기쁨은 수정 귀고리와 이름 없는 할머니에 관해 더 많이 알고 싶어 하는 그녀의 내적 욕구를 부추기는 듯하다.

시드가 덴버의 젖은 머리를 수건으로 만져주는데, 첫
장에서 폴 디가 시드의 상처난 등을 경건하게 어루만
진 것과 에이미가 시드의 부은 발을 돌봐준 것 같은 모티프,
즉 치료를 위한 접촉의 개념은 뒤에 이어지는 장에서 계속 강
력한 메시지로 발전한다. 노예라는 아픈 기억을 지우지 못하
는 등장인물들은 일종의 촉감이 느껴지는 축복으로서 손가락
과 손으로 피부를 접촉하면서 불완전하지만 인간적인 방식으
로 서로에게 도움을 준다. 반복되는 수유의 이미지와 함께 모
리슨은 종종 한 인간이 다른 인간을 위로하는 방식들을 보여
준다.

# Chapter 7



## 폴 디, 빌러비드의 존재에 불안감을

　5주가 끝날 때, 사적인 얘기를 주저하는 빌러비드가 그녀의 과거에 대한 실마리를 제공한다. 그것은 그녀가 '다리에 있었다'는 사실이었다. 폴 디가 어떻게 새 신에 흙도 안 묻히고 먼 길을 걸을 수 있었는지 의문을 제기하며 빌러비드를 주제넘게 문초하는 것을 시드가 중단시킨다. 빌러비드는 아기 목소리로 내뱉는다. "내 신을 줘! 내 드레스를 줘! 이 신발 끈이 맞지 않아!" 덴버는 빌리비드기 니비매듭을 배위본 적이 없음을 알고는 그것을 가르쳐주겠다고 약속한다.

　빌러비드를 비추는 빛을 불안하게 느낀 폴 디는, 시드와 그가 '화해하고, 사람들이 많은 곳으로 외출해 가족처럼 아주 즐거운 시간을 보낸' 바로 그날 빌러비드가 나타난 사실이 예삿일이 아니라고 결론짓는다. 그가 빌러비드에 대해 자세히 알아보기로 마음먹은 바로 그때 빌러비드는 건포도에 사레가 들려 자고 싶다고 말한다. 친한 친구를 갖게 되어 기쁜 덴버는 빌러비드를 위층 침실로 데려다준다.

　둘만 남게 된 시드와 폴 디는, 폴 디가 빌러비드에게 화내는 것에 대해 얘기한다. 폴 디는 자신은 결코 여성을 학대한 적이 없다고 자랑스레 말한다. 시드는 할리가 자식들 곁을 떠남으로써 자신을 학대했다고 털어놓는다. 폴 디는 학교선생의 조카들이 그녀를 폭행하고 그녀의 젖을 훔친 밤에 할리가 헛간 다락에 숨어 있다가 폭행 장면을 봤다고 밝혀 시드에게 충격을 준다. 아내의 고통에 정신적 상처를 입은 할리는 제정신이 아니었고, 폴 디가 마지막으로 봤을 때에는 얼굴에 온통 버터를 묻힌 채 가만히 앉아 있었다고 한다. 폴 디는 이러한 끔찍한 모습에 소리를 지를 수도 없었다. 왜냐하면 조지아 주 알프레드의 강제노동수용소로 이송되기를 기다리고 있던 자신의 입에 쇠재갈이 물려 있었기 때문이었다.

시드가 가지고 있던 다정한 할리의 이미지가 폴 디의 폭로로 산산조각 났다. 그녀는 그 위협적인 '이끼 낀 이빨을 가진 소년들', 폭행중에 뭔가를 적고 있던 학교선생, 그리고 헛간 다락방에서 바라보면서도 그녀를 위해 아무런 방어조치를 취하지 않은 할리에 대한 분노가 머리끝까지 치민다. 그녀는 폴 디의 얼굴을 뜯어보며 마음을 가라앉힌다. 그의 얼굴에서는 쇠재갈이 물렸던 사나이의 거친 모습은 웬일인지 찾아볼 수 없었다. 폴 디는 학교선생에게 붙잡힌 이후 받은 최악의 수모는 껍질에서 나올 때 자기가 도와줬던 미스터라는 수탉이 자기를 노려본 것이라고 시드에게 말한다. 폴 디의 이 같은 고통과 모멸의 고백을 들은 시드는 측은해 하며 무릎을 주물러준다.


: 풀어보기

이 장에서는 시드의 집이 한때 간이역이었음이 밝혀진다. 간이역이라는 모티프는 이 소설의 핵심요소로서 두 가지 차원의 역할을 한다. 시드의 집은 떠도는 혼령을 위한 지상의 거처로서 빌러비드가 저승에서 돌아오는 다리를 건넌 후 안식처 역할을 한다. 역사적으로 안전가옥은 음식과 의복도 없고 통행이 자유롭지 못했던 노예출신들에게는 소중한 구원의 집이었다. 노예로 있을 때 주어졌던 이름 나부랭이로 신분을 증명했던 흑인 문맹자들에게 간이역은 또한 우체국과 우체통 역할을 했다. 그들은 다른 유랑자들과의 우연한 만남을 통해 때때로 친구나 가족들과 재결합했다. 이러한 횡재가 없더라도 간이역은 노예농장에서 탈출하는 지친 여정의 따스하고 안전한 휴게소가 되어주었다.

생각에 잠겨 있던 폴 디는 스위트 홈을 떠난 후 겪었던 도망자의 삶 20년을 풀어놓는다. 그가 스위트 홈을 떠난 후 만났던 '흑인들은 넋이 나가 있거나, 굶주리거나, 지치거나, 가족을 잃어' 그들이 뭔가를 기억하고 말한다는 사실 자체가 놀라운 일이었다. 폴 디와 시드가 할리의 실종사건을 풀어보려고 하는 과정에서 폴 디가 갑자기 할리를 옹호하기 시작한다. 할리는 가족을 보호하지 못한 나약한 흑인 남성의 전형이다. 폴 디는 이런 말을 한다. "남자란 한시도 쉬지 않고 자르고 난도질하는 그런 빌어먹을 도끼가 아니야. 화가 나는 일들도 생기게 마련이지. 그런데 그것들은 자기 안에 있기 때문에 잘라내지 못하는 일들이야."

황제 수탉 미스터가 물통에 앉아 미소 짓는 수성(獸性)의 이미지는 폴 디가 감옥으로 이송되기를 기다리고 있을 때 그에게 남아 있던 인간성을 파괴했다. 그는 이제 그 고약한 수탉이 수탉으로서 자유로웠던 반면에 자기는 인간의 존엄성을 빼앗기고 동물처럼 취급당했다는 기막힌 운명의 장난을 인식한다. 그는 스위트 홈의 남자들을 애도한다. "하나는 미치고, 하나는 팔려나가고, 하나는 실종되고, 하나는 불태워지고, 나는 등 뒤로 손이 묶인 채 쇠재갈을 핥고 있네." 폴 디에 대한 시드의 모성애적 반응은 아기를 달래 듯이 본능적이다. 그의 아픈 수족을 문지르고 누르는 것은 그녀에게 빵을 만드는 것과 같은 만족감을 준다. 시드는 폴 디의 앙상한 무릎을 주무르면서, 과거를 떨쳐버리는 데에는 음식점 일과 빵 반죽보다 더 좋은 일은 없다는 일상의 지혜를 깨닫는다.

# Chapter 8

 **: 줄거리**

## 덴버의 탄생 이야기

덴버는 빌러비드에게 자매의 정을 느끼며, 빌러비드가 춤을 출 때 침대에 앉아 미소 짓는다. 덴버는 빌러비드의 이름과 어머니의 얼굴을 한 번 더 보려고 지하세계를 빠져나온 방법에 대해 묻는다. 그녀는 빌러비드에게 떠나지 말라고 간청한다. 빌러비드는 자기에게 필요한 사람은 시드이지 동생이 아니라고 응수한다. 덴버는 에이미 덴버가 시드의 출산을 도운 이야기를 해줘 빌러비드의 격한 감정을 달래려고 한다.

보상금을 타기 위해 쉽사리 도망노예를 밀고할 수도 있는 백인 여자에게 지나치게 많은 얘기를 하지 않으려 했던 시드는 에이미에게 자신이 루라고 밝혔다. 인종편견 따위에는 개의치 않는 에이미는 시드의 고통을 덜어주려고 애쓴다. 에이미는 시드의 부은 발과 상처 난 등에 원시적인 응급처치를 하면서 흥얼댔다. 그녀는 또 시드의 숄 조각으로 슬리퍼를 만들어 나뭇잎으로 채웠다. 정오가 되어 에이미와 시드는 오하이오 강에 도착하고, 노가 하나 있는 거룻배를 발견한다.

배 안으로 스며드는 물이 산고를 겪고 있는 시드를 삼킬 기세였지만 그녀는 네 번째 힘을 주면서 출산에 성공했다. 에이미는 아기를 그녀의 스커트로 감쌌고 두 여인은 뭍으로 올랐다. 해질 무렵 에이미는 시드에게 '보스턴의 에이미 덴버'가 어떻게 아기를 세상에 나오게 했는지 아기에게 말해 주라고 하면서 떠난다. 시드는 긴장이 풀리고 잠이 들면서 '덴버'라는 이름을 중얼거린다.

덴버에 대한 모리슨의 성격묘사는 오래된 부채를 청산하고 싶어하는 시름을 드러낸다. 시드의 비밀로 인해 육체적으로나 정서적으로나 고립되어 있는 덴버는 수년에 걸쳐 추측해낸 자신의 출생 이야기와 나머지 자기 삶에 관한 토막 이야기밖에 모른다. 시드가 숲 속으로 탈출한 얘기에 동화되면서 덴버도 개들이 쫓아오는 것을 느낄 수 있고, 백인들의 '이끼 긴 이빨'과 총이 무섭다. 덴버는 유모 흉내를 내면서 과거를 알고 싶어하는 빌러비드의 호기심을 충족시키는 일을 즐긴다.

에이미 덴버에 대한 묘사를 통해 이 소설의 앞부분에서 보여준 접촉과 치유의 이미지들이 되풀이된다. 모리슨은 에이미의 천성을 이름으로 암시하는데, 에이미란 이름은 라틴어 amor, 즉 사랑에서 유래한다. 무지하고 재치 없는 에이미는 시드가 죽을 것이라 짐작한다. 하지만 유쾌하게 흥얼거리며 도망치던 발걸음을 잠시 멈추고 (지혈에 효능이 있는) 거미줄을 모으며 시드의 부은 발을 높이 올려놓고, 사치의 상징인 밝고 붉은 벨벳을 갖고 싶은 자신의 욕망에 대해 수다를 떤다.

에이미와 시드의 대조적인 모습은 남북전쟁 이전의 사회·경제적 풍토에 대해 많은 것을 보여준다. 우아한 르네상스 자장가의 세 소절을 흥얼거리는 에이미는 교양 있는 어머니에게서 태어났을지도 모른다. 그녀도 시드처럼 아버지를 알지 못하고 무정한 주인의 변덕을 견뎌왔다. 그러나 시드와는 달리, 물질적 쾌락이 가득한 미래에 희망을 건다. 백인 계약노동자의 자식인 에이미는 버디한테서 고통을 받을 만큼 받았지만 흑인 여인처럼 아이를 낳는 동물로 이용당하는 것은 면했기 때문에 어머니의 의무에 대해서는 아무것도 모른다. 시드는 물질적 욕심과는 너무나 거리가 멀기에, 훔친 베갯잇, 햇볕에 탄 스카프, 빛바랜 모기장으로 웨딩드레스를 만들고, 자기의 보배인 자식들에게 희망을 건다. 에이미에게는 아기 돌보기를 거절할 선택의 자유가 있지만 시드에게 수유행위는 그녀가 생존하려는, 자신의 자궁을 걷어차던 새끼들을 낳으려는, 3남매(뷰글러, 하워드, 빌러비드)가 기다리는 신시내티로 가려는 욕구의 핵심이다.

시드는 네 자녀를 상징하는 '여름별 네 개'의 축복을 받은 것처럼, 아기에게 젖을 먹이려고 서두른 나머지 배고픔, 고통, 두려움을 못 느낀다. 네 번의 진통 끝에 덴버는 태어나고, 엄마와 아기 모두 거룻배가 가라앉기 전에 뭍으로 올라온다.

감사 기도에서, 모리슨은 시드의 '불사신' 딸(덴버)에게 푸른양치 씨―모든 세대가 그 속에서 미래를 확신하며 잠들어 있는 씨―를 흩뿌려 축복한다. 모리슨의 축복에는 무생물에 인간의 특성이나 감정을 이입하는 감상적 기법이 활용되었다. 여기서 자연은 작가의 목적에 맞게 융화되어, 여자의 음부처럼 생긴 물이 새는 배는 '피로 물든 강물' 위의 일시적인 안전에 불과함을 예고하고 있다.

# Chapter 9

## 시드의 정신적 지주, 베이비 석스

베이비 석스의 안정된 영향력은 기괴하게도 버터 제조기의 버터가 할리에게 튀어 얼굴에 범벅이 된 충격적인 소식과는 많이 동떨어진 것 같다. 이제 사랑하는 시어머니로부터 든든한 후원을 더 이상 받지 못하는 시드는 과거를 떨쳐 버리라는 베이비 석스의 훈계를 상기한다. 베이비 석스가 한때 설교를 펼쳤던 숲 속의 공터에서 남자, 여자, 아이들이 춤추고, 노래하고, 그 디리를 저는 할머니가 가진 사랑이 치유력두 기렸다 마음이 약해진 시어머니는 시드가 신시내티에 도착한 지 한 달 만에 몸져누워, 밝은 색을 어루만지고, '저 하얀 것들'을 비난하며 기꺼이 죽음을 맞이했다.

시드의 추억 여행은, 덴버가 태어났고 스탬프 페이드가 시드에게 뱀장어 튀김과 단지에 담긴 강물을 먹인 켄터키 강가로 되돌아간다. 시드의 몸에 열이 나고 아기의 몸이 젖었기 때문에 스탬프 페이드는 그의 조카에게 윗도리를 벗으라고 한다. 그는 윗도리로 갓난아기를 감싼 다음 시드를 거룻배에 태워 오하이오 강을 건너 흙바닥의 오두막집으로 데려갔고, 매듭진 하얀 천조각으로 돼지우리에 표시를 해놓았다. 이 표시를 보고서 엘라가 감자, 담요, 천, 남자신발 한 켤레를 가져왔다. 신발은 시드의 부은 발에 맞게 찢어서 벌려야 했다.

시드는 다른 세 자식이 이미 할머니 집에 안전하게 도착했다는 소식에 기뻐했다. 절대 아무 데도 사랑을 주지 말라는 엘라의 야무진 충고에도 불구하고, 시드는 자기와 갓난아기가 블루스톤 가 124번지에 도착했을 때 받은 사랑의 환대를 만끽했다. 시드는 시어머니 베이비 석스가 부드럽게 씻겨주고 (복부를) 묶어주자 아주 편안함을 느꼈다. 베이비 석스는 시드가 입을 드레스를 꿰매주었고, 낡은 드레스의 끝단에서 가너 부인이 준 수정 귀고리들을 찾은 후 시드가 입고 온 옷들은 버렸다. 시드의 큰딸은 딸랑거리는 귀고리 소리를 좋아했다.

현실로 돌아온 시드는 덴버와 빌러비드가 동행한 가운데 공터에 도착하고, 남편 할리가 과연 돌아올 것인지에 대한 의구심을 곱씹는다. 폴디와 같이 사는 문제에 대해 골똘히 생각하던 그녀는 손가락들이 목을 감싸쥐고 조이는 것을 느낀다. 이를 본 덴버가 엄마를 도우려고 달려온다. 시드가 다시 숨을 쉴 수 있게 되자 빌러비드는 시드의 상처투성이 몸을 어루만지고 입을 맞춘다. 덴버가 빌러비드의 행동을 저지하지만 시드는 이미 순간적으로 그 손길이 예전에 두 살배기 딸의 유령으로부터 느꼈던

그것과 같다고 생각한다. 폴 디의 사랑에 대해 생각하던 시드는 덴버에게 자매가 필요하다는 것을 이해한다.

시드는 폴 디를 위해 맛있는 저녁식사를 지으려고 한다. 폴 디는 욕조에 몸을 담그고 시드에게도 들어오라고 손짓한다. 빌러비드가 몰래 들어왔다가 질투심이 폭발해 다시 밖으로 나간다. 덴버가 빌러비드에게 시드의 목을 졸랐다고 나무라자, 빌러비드는 시냇가로 달려간다.

덴버는 일곱 살 때 존스 여사의 학교에 다니던 시절을 회상한다. 그곳에서 덴버는 읽기와 쓰기가 좋아졌는데, 어느 날 넬슨 로드가 이웃 사람들이 덴버네 집을 피하는 이유를 밝힌다. "너희 엄마는 살인을 해서 갇혀 있었지? 너도 그곳에서 엄마와 함께 있지 않았니?"라고. 넬슨 로드 때문에 학교를 중퇴한 지 2년 되는 해에 덴버는 처음으로 기어다니는 아기 유령 소리를 듣는다. 독기어린 유령의 출몰에 덴버의 오빠들은 겁을 먹었고, 할머니가 돌아가신 후 124번지의 무거운 분위기에서 빗어나려고 집을 나갔다.

현실로 돌아온 덴버는 어떻게 하면 괴로운 고독감을 덜 수 있을까, 하고 생각한다. 그녀는 언니에게로 향한다. 언니는 시냇가에 웅크리고 앉아 두 거북이 교미하는 것을 바라보고 있다.



모리슨은 이 장에서 몇 가지 종교적 관습을 혼합한다. 고대 델파이의 아폴론 여사제 피디아처럼 '성녀 베이비 석스'는 그녀의 사당인 공터에 앉아 찾아오는 모든 사람들의 영적 욕구에 본능적으로 반응했다. 그리스도와 같은 그녀의 메시지 "아이들을 오게 하라"는 "어린아이들이 내게 오는 것을 허락하고 막지 말라"는 마가복음 10장 14절의 복사판이다. 베이비 석스는 남자와 여자 모두에게 다가가면서 아이들에게는 웃고, 남자들에게는 춤을 추고, 여자들에게는 울라고 명령한다. 무리들은 웃음, 춤, 오열이라는 교향곡 속에 자신들의 역할을 뒤섞어 베이비 석스의 '한없이 큰 가슴'에 화답한다.

시공을 초월해 모든 문화권에 스며들어 축복을 내리는 아메리카 원주민들의 자연신이나 지중해의 지모신(地母神) 같은 신화적 존재들처럼, 베이비 석스는 그리스도의 팔복(八福)을 자기 방식으로 제시한다. 노예제라는 고통스러운 자기부정이 있은 후 그녀의 신도들에게는 신학보다는 자긍심이 필요하다. 베이비 석스는 그들에게 인간의 안락을 찾으라고 권한다. 그들의 손을 사랑하고, 그 손으로 다른 사람들을 만지고, 가볍게 두드리고, 어루만지라고 한다. 그녀는 발, 등, 어깨, 팔, 간, 그리고 '가장 중요한' 심장을 얘기한다. 이 장면은, 시드 자신의 가치를 재발견해야 할 필요성뿐만 아니라 베이비 석스의 심장질환을 예시하는 것으로, 더 이상 현명한 시어머니에게 의지할 수 없게 된 시드가 폴 디를 맞아들이면서 자신도 받아들이는 이 소설의 결론을 암시한다.

그러나 시드의 구원은 흑인 사회가 그녀를 18년간 멀리한 고통스러운 사건으로 어려움을 맞는다. 베이비 석스의 죽음과 때를 같이 하는 이 사건은 시드가 자녀들과 재회한 지 겨우 한 달이 됐을 때 일어난다. 4주에 걸친 평온의 시기를 '28일'이라고 묘사한 것은 월경주기를 나타낸다.

# Chapter 10

 탈옥한 폴 디는 북으로

폴 디는 스위트 홈에서 도망치려 한 후, 학교선생이 그를 팔아넘긴 브랜디와인에 대한 살인미수죄로 다른 열 명의 노예들과 족쇄를 찬 채 무시무시한 감옥으로 이송되는 동안 겪었던 야만적인 취급을 되새긴다. 켄터키에서 버지니아를 거쳐 조지아의 알프레드까지, 그리고 그를 수용했던 지하감방에서 폴 디는 강제노동에 따르는 절망과 비인간화에 맞서 싸웠다. 매일 아침 백인 간수들은 쇠사슬에 줄줄이 묶인 흑인들을 무릎 꿇게 했고, 몇몇은 고통스러운 하루를 시작하기 전 간수들에게 구강성교를 하도록 지목되었다. 46명의 죄수들과 함께 긴 사슬에 묶인 폴 디는 말없는 몸짓과 표정이 주는 미묘한 차이를 배웠고, 자신의 감옥생활을 노래로 한탄했다.

선고를 받은 지 86일째 되는 날, 사슬에 묶인 채 진흙사태 속에서 질식할 것 같던 폴 디와 다른 죄수들은 감방의 쇠창살 밑으로 탈출했다. 죄수들은 체로키족의 캠프로 도주했다. 이곳에서 아메리카 원주민들은 그들에게 옥수수죽을 먹여주었고 다리족쇄를 풀어주었다. 몸에 진흙이 묻어 냄새가 나지 않아 사냥견의 추적을 막았다. 잠시 안전한 상태에서 생존자들은 대안을 논의했다. 폴 디는 마지막으로 움직였다. 탈출한 지 한 달 후 그는 북쪽으로 향했고, 델라웨어의 베 짜는 여인이 그를 받아들였다.

　　모리슨은 고전문학의 서사시적 여정과 평행선을 그리며 폴 디와 시드가 노예제와 결별한 방식이 현격히 대조적임을 보여준다. 아프고 부은 발 때문에 기어가다가, 카누에서 아기를 낳으려고 잠시 멈추고, 아이들을 다시 만나고자 하는 강박적인 충동에서 추위, 습기, 굶주림에 아랑곳하지 않으면서 숲 속으로 곧장 들어갔던 시드를 떠올려 보라. 오직 가족들만 생각하는 시드에게 '할리, 형제들, 시드', 그리고 스위트 홈의 다른 모든 기억을 잊으려는 폴 디의 바람 같은 것은 애초에 없었다.

**문학적 장치** — 폴 디는 브랜디와인에게 팔린 후, 그리고 살인미수로 다른 죄수들과 쇠사슬에 묶여 감금되었다가 탈출함으로써 그리스 신화에 등장하는 오디세우스[*], 아에네아스[**], 이아손[***]의 예를 따른다. 진흙 사태에 매몰당할 뻔한 위협은 오디세우스, 아에네아스, 오르페우스[****]의 저승세계 원정을 떠올리게

---

[*] **오디세우스**(Odysseus): 이타카의 왕으로 트로이 전쟁에서 목마 속에 군사를 숨겨 그리스군을 승리로 이끔.

[**] **아에네아스**(Aeneas): 트로이 왕족 안키세스와 여신 아프로디테의 아들. 트로이 전쟁에서 그리스 군에 대항해 용맹을 떨침.

[***] **이아손**(Iason): 영웅들이 황금 양모피를 구하기 위해 탔던 아르고 호를 지휘한 영웅.

[****] **오르페우스**(Orpheus): 태양의 신 아폴론과 뮤즈 칼리오페의 아들. 악사이자 시인. 아르고 호의 원정에 참가해 하프 연주로 폭풍을 잠재우고 마녀 사이렌들의 요사스런 노래를 물리침.

한다. 폴 디 역시 지옥 같은 백인 사회에서 고통을 겪은 후 인
디언들과 잠시 생활하면서 활력을 되찾고, 이어 오디세우스의
마녀 키르케, 이아손의 마법사 메데아, 아에네아의 다이도 여
왕처럼 친절한 베 짜는 여인에게서 잠자리를 얻는다.

인물탐색 시드가 가족들과 28일간 자유를 즐긴 반면, 얼굴이 얽
은 체로키족의 형제애로 버틴 폴 디에게는 어떠한 책임
도, 방향도, 혈연관계도 요구되지 않았다. 자유를 찾은 시드는
아기들을 얼싸안고, 입 맞추고, 다정하게 쓰다듬고, 시어머니
베이비 석스가 아픈 몸을 씻겨주는 등, 기쁨을 누렸다. 하지만
폴 디는 정신적 고통을 낫게 할 치유제가 없었다. 셔츠 주머니
에 갖고 다니는 양철 담배갑의 남성적 이미지는 감정이나 영
원한 애착을 막는 딱딱해져 버린 심장이 된다. 수용소에서 자
신의 무덤이 될 뻔한 상자처럼 이 담배갑은 그의 감정을 묻어
버린다.

체로키족의 고통을 묘사한 부분은 이 이야기의 기초가
되는 세부내용이 신중하게 짜여 있음을 보여준다. 백인 대 인
디언 관계 전반에 걸쳐 반복되는 체로키족의 역사는 유럽의
탐욕과 인종차별주의를 나타낸다. 흑인 형제들처럼 체로키 인
디언들도 백인과의 접촉에 따른 고통을 알고 있었기 때문에
옥수수죽, 연장, 그리고 폴 디를 자유로 인도할 꽃길에 관한
정보를 기꺼이 나누었던 것이다.

# Chapter 11



### 폴 디에게 접근하는 빌러비드

　　폴 디는 시드에게 빠져드는 것을 느끼며 왠지 모르지만 그녀로부터 멀어지지 않으면 안 되겠다는 생각을 한다. 그는 왜 그래야 하는지 모르면서 시드의 침대에서 함께 자지 않기 시작한다. 우선 며칠 밤은 흔들의자에서, 그 다음에는 베이비 석스의 침대에서, 그 다음에는 저장실에서 잔다. 그러다가 아예 집에서 자지 않고 집 뒤의 추운 별채에 누추한 잠자리를 마련한다. 그 동안에도 시드와는 계속 성관게를 갖지만 어쩐 일인지 빌러비드가 시드와의 동침을 방해한다고 생각한다. 어느 가을밤 빌러비드가 그를 찾아내 '자기 몸속을 만지고 이름을 불러 달라'고 요구한다. 빌러비드는 폴 디가 이름을 여러 번 부르면 가겠다고 약속해 놓고도 떠나기는커녕 계속 치근댄다.



인물 탐색　이 짧지만 중대한 막간에서 모리슨은 주저하는 남자를 압도하는 빌러비드의 능력을 보여줌으로써 유령의 힘을 드러낸다. 불복종의 대가로 즉각 소금기둥으로 변하는 성서의 롯의 아내에 대해 암시함으로써 폴 디가 자신의 마음속에 있는 부도덕성—시드가 '딸만큼이나' 사랑하는 심술궂고, 불안정한 소녀와 관계를 갖는 것—을 깨닫고 있다는 것을 보여준다. 그는 유혹에 넘어감으로써 시드와의 관계를 배신할 뿐 아니라 그 자신과 시드, 그리고 사육제가 있던 날 서로의 손을 잡은 것으로 보였던 유대의 그림자도 사라지게 한다.

처음에 폴 디는 시드와 덴버의 생활을 정상화하는 힘이 되는 것 같았다. 그가 그들의 삶에 등장한 것은 시드에게는 건전한 관계의 시작을, 덴버에게는 신뢰받는 아버지의 존재를 예고했다. 폴 디는 집에서 유령의 존재를 쫓아내 시드의 딸이 죽은 후 처음으로 집을 조용하고 평화롭게 만들었다. 사육제에서 폴 디는 마을 사람들과 다정하고 편안하게 대화함으로써 시드와 마을 사람들 사이에 자리한 감정의 골을 메워주었다. 그와 시드, 덴버가 집으로 걸어가면서 만드는 그림자는 시드와 덴버가 자신과 자신이 제시한 정상적인 삶을 받아들였음을 의미하는 것 같았다.

하지만 빌러비드의 출현은 폴 디가 시작한 긍정적인 변화를 중단시켰고, 집안의 세력균형을 바꿔놓았다. 빌러비드는 폴 디가 집에서 그녀의 혼령을 내쫓았던 것처럼 이제 폴 디를 몰아낼 만큼 강해졌다. 빌러비드는 이어서 폴 디가 자기와 성관계를 갖도록 강요함으로써 그에게 남아 있는 힘마저 고갈시켜버린다. 그녀의 이런 행동은 폴 디와 시드와의 관계를 약화시킬 뿐 아니라 그가 더 이상의 고통으로부터 자신을 보호하려고 구축한 정서적 안전판들까지 파괴한다.

9장에서 빌러비드가 본 교미중인 거북들처럼 폴 디는 자신의 껍질 때문에 방해를 받는다. 그는 자기의 욕구와는 너무도 멀어진다. 빌러비드는 그를 속여 시드와의 동침을 스스로 포기한다고 믿게끔 만든다. 그의 육체는 아직도 매일 두 번씩 성적 발산을 요구한다. 그러나 잠재의식은 그를 온기와 친밀함과는 더욱 멀어진, 종이를 댄 추운 오두막으로 향하게 한다. 폴 디는 돼지기름이 담긴 깡통의 은색 모조 신상(神像)을 물끄러미 바라보면서 빌러비드의 매력을 차단하려고 노력하지만 '자기 등 뒤에 있는 죄악의 실체를 알고 싶어하는 나약한 욕구'에 굴복하고 만다. 담배통의 은유를 확대해 보면 그의 심장은 부식되지 않았음을 보여준다. 그가 빌러비드의 육체를 관통하듯 그녀는 그의 심장 속을 꿰뚫는다. 이러한 행위로 소모된 에너지 때문에 그의 소리감각은 희미해지고 담배통 뚜껑이 떨어져나간 것을 알지 못한다. 하지만 자신의 '붉은 심장'을 발견하고 해방감을 소리쳐 반복함으로써 덴버의 잠을 깨우고, 마침내 '폴 디 자신'도 깨어나게 된다.

# Chapter 12

## 덴버는 유령 언니에게 만족하지만

덴버는 유령 언니와의 친교에 만족한다. 하지만 빌러비드는 덴버처럼 만족하지 않고 어떤 말할 수 없는 성취감을 위해 계속 압박한다. 시드는 빌러비드에게 엄마가 누구이고, 백인들과의 관계는 어땠고, 어떤 옷을 입었느냐고 묻지만 자기는 다리가 있었다는 것과 한 명의 백인만 기억난다는 답변만 한다. 시드는 빌러비드가 그녀를 성폭행했던 한 백인 호색한

에 의해 갇혔던 게 틀림없다고 결론짓는다.

덴버는 빌러비드가 예전에 124번지에 출몰한 유령이라고 확신하고, 빌러비드가 현재 폴 디의 연인이라는 사실을 시드에게 감춘다. 덴버가 빌러비드와 나누는 일상대화는 허드렛일, 이웃, 그리고 가족에 국한된다. 겨울이 되면서 덴버는 빌러비드의 관심을 끌려는 일에 몰두한다. 어느 날 두 소녀는 사이다를 마시려고 오두막에 들어가는데, 문이 꽝 소리를 내며 닫힌다. 덴버는 어둠 속에서 빌러비드가 자기에게 '아무런 자아'도 남기지 않고 저승으로 돌아갔다고 두려워하면서 운다.

빌러비드는 버릇없고 영악한 어린아이처럼 다시 나타나 자기 옷자락을 꽉 붙잡고 있는 덴버에게 미소 짓는다. 갑자기 빌러비드가 뭔가를 가리키지만 덴버에게는 아무것도 보이지 않는다. 빌러비드는 몸을 말면서 눈을 감고 몸을 떤다. 덴버는 이것을 이해하지 못하고 빌러비드에게 괜찮으냐고 묻는다. 빌러비드는 어둠을 응시하며 자기는 어둠 속에시 지기 얼굴을 찾을 것이라고 말한다. 덴버에게는 아무것도 보이지 않는다.



빌러비드의 정체성에 대한 수수께끼는 이 장에서 시드와 덴버가 그녀의 출신을 알아보려고 시도하지만 성공하지 못하자 더욱 깊어진다. 빌러비드는 과거에 대해 질문을 받자 자기는 한 사람의 백인, 다리, 엄마 품에서 떨어져나가게 된 것만 기억난다고 모호한 답변만 한다. 이러한 애매한 정보 때문에 시드와 덴버는 빌러비드의 정체를 자기들 나름대로 해석하게 된다. 시드는 빌러비드를 학대받은 소녀라고 믿는 반면, 덴버는 죽은 언니의 유령이 환생한 것으로 확신한다. 추운 집에서 빌러비드가 사라졌다가 다시 나타나는 것은 그녀가 초자연적 존재라는 덴버의 믿음을 증명하지만 빌러비드의 발언과 행동은 그녀가 단지 죽은 아이의 유령이라기보다는 그 이상의 무엇일 것이라는 점을 암시한다.

덴버와 빌러비드가 냉장 헛간에 있는 장면은 빌러비드의 인격과 그녀가 다른 등장인물들에게 미치는 영향을 이해하는 데 필수적이다. 우선 모리슨은 덴버가 빌러비드를 곁에 두기 위해 자신의 일상적인 일과 개성까지 어떻게 바꿔놓았는지를 보여주면서 빌러비드에게 끌리도록 이야기를 설정했다. 이 장에서 덴버의 전략 중 일부는 빌러비드에게 냉장 헛간에서 사이다 단지를 가져오게 좀 도와달라고 요청하는 일이다. 하지만 냉장 헛간에서는 빌러비드가 일순간 사라지고 덴버는 자기 인생에 의미를 부여한 빌러비드를 잃은 것이 걱정스러워 당황한다.

모리슨이 이 장면과 덴버의 당혹감을 묘사하기 위해 사용하는 무대를 주목해 보자. 먼저 하루중 가장 밝은 대낮이지만 그 냉장 헛간의 내부는 거의 깜깜한 암흑 속이다. 지붕과 벽의 틈으로 비치는 몇 가닥 햇빛은 '치어들처럼' 어둠 속에 파묻힌다. 빌러비드가 사라질 때 덴버는 방향을 잃고 제정신이 아닌 상태가 된다. 모리슨은 덴버가 마치 익사하고 있는 것처럼 덴버의 반응을 묘사한다. "그녀는 자신이 어둠 위를 떠다니는, 두텁고 주위의 사물 끝단에 부딪쳐 깨지기 쉽고, 녹기 쉽고, 차가운, 시냇가의 딱딱한 표면에서 떨어져나간 한 조각 얼음덩어리가 된 것처럼 느낀다." 덴버는 눈물 때문에 호흡곤란을 느끼며 어둠 속에서 아무것도 볼 수 없다. 마침내 그녀는 어둠이 머리 위 치어 같은 빛을 삼키듯 자신도 삼키게 하기로 결심한다. 덴버가 삶의 희망을 막 포기했을 때 빌러비드는 그녀의 절망에 미소 지으며 다시 나타난다.

빌러비드의 재출현과 더불어 냉장 헛간의 묘사는 묘하게 바뀐다. '치어 같은 빛'은 이제 '위의 틈새빛'과 '빛이 드는 틈새'로 묘사된다. 빌러비드는 여전히 웃으면서 덴버에게 자기 얘기를 하려는 것 같다. 그녀는 몸을 말아 올리면서, 흔들고 신음하며 말한다. "난 이것과 같아." 마침내 그녀는 덴버에게는 보이지 않는 어둠 속의 얼굴을 가리키며 "나야. 나란 말이야"라고 말한다. 덴버는 빌러비드의 말을 이해하지 못한다. 이 장면에서 모리슨이 암시하는 것을 면밀히 주목하지 않으면 독자들 역시 빌러비드가 이야기하려는 것을 이해할 수 없다.

모리슨은, 이 장면에서 빌러비드는 시드의 죽은 아이 이상을 나타낸다고 밝힌다. 빌러비드는 또한 노예선의 컴컴한 선창에 갇힌 채 소리 없이 역사에서 사라진 얼굴 없고 이름 없는 노예들—빌러디드가 냉장 헛간의 어둠 속에서 사라진 것처럼—을 나타낸다. 덴버가 '물에 빠지는' 경험은 대서양에서 익사한 무수한 노예들을 모방한 것이고, 빌러비드가 몸을 흔들고 신음하는 것은 선창 속 몇 줄기 빛밖에 없는 어둠 속에 웅크리고 있던 자신의 경험을 나타낸다. 모리슨은 이 책을 노예로 죽은 흑인들의 추정 숫자인 '6천만 명 이상'에게 바치고 있다. 빌러비드는 그들의 목소리이고 그들의 경험이다. 따라서 이 장면은 빌러비드가 다면(多面)의 인물임을 보여준다. 그녀는 어린이 유령이기도 하고, 이름 없는 노예들의 유령이기도 하며, 끔찍하지만 피할 수 없는 과거의 유령이기도 하다. 시드와 덴버가 앞으로 자신들의 삶을 창조해나가려면 빌러비드의 힘 ― 과거의 힘 ― 을 이해해야만 한다.

# Chapters 13, 14

 아이를 갖자고 제의하는 폴 디

폴 디는 빌러비드와 관계를 가진 후 3주 되는 시점에 가너 씨 밑에서 겪었던 노예생활을 반추한다. 가너 씨가 노예들에게 아주 많은 자유를 허용해서 스위트 홈의 남자노예들은 자신들이 남자다운 남자라는 망상에 빠졌다. 학교선생이 스위트 홈의 관리를 맡은 후 노예들은 자신들이 방심하고 있었다는 것을 깨달았다. 폴 디는 식소가 죽던 장면으로 돌아가는데, 그때 식소는 몸이 불길에 타는 동안에도 소리치지 않음으로써 자신의 힘을 보여주었다.

폴 디는 자아의식까지 잃을까 두려워한 나머지 소여의 음식점으로 시드를 찾아간다. 그녀는 그를 보자 '반가움과 놀라움'으로 미소 짓고 서둘러 일을 끝마치려 한다. 폴 디는 빌러비드에 의해 자신의 강한 독립심이 압도당하고 약화됐다는 뜻밖의 사실에 시드가 놀라지 않게 하려고 한다. 시드의 눈빛에 나타난 체념은 폴 디에게 떠나주기를 바라고 있다는 마음을 전한다. 그는 설명할 수 없는 이유 때문에 빌러비드와의 관계를 고백하지 않기로 하고 대신 시드에게 아기를 갖자고 제의한다.

폴 디는 자신의 제안이 3중으로 적용된다는 것에 놀란다. 즉 시드의 임신은 그를 시드에게로 돌아가게 하고, 자기의 남자다움을 회복시키며, 자신을 빌러비드의 손아귀에서 벗어나게 해줄 것이다. 시드는 집으로 오는 도중 그와 포옹한다. 눈발이 두 사람에게 떨어지고, 폴 디는 자신의 제안을 재차 다짐한다. 그는 즐거워하며 시드를 등에 업고 집으로 달려간다.

여느 때처럼 빌러비드는 시드가 돌아오기를 기다린다. 빌러비드는 엄마에게 솔을 내밀며 엄마와 폴 디의 달콤한 시간을 깨뜨린다. 빌러비드의 건강을 염려한 시드는 솔로 대신 그녀를 감싼다. 시드의 애정에서 밀려난 것에 화가 난 폴 디는 '얼음처럼 차갑게' 발을 질질 끌며 따라온다. 그는 또 다른 적인 덴버를 보자 생각한다. "넌 누구 편이냐?"

시드는 폴 디와 동침함으로써 그의 의구심을 해소해 준다. 폴 디는 시드의 도움만 있으면 두 미친 여자애들을 견뎌낼 수 있을 것이라는 생각이 든다. 모성애에 수반되는 의무를 기억하는 시드는 다섯 번째 아기를 가질 능력이 있는지 의문을 품고 임신제의를 거절하기로 결심한다. 그러면서 빌러비드가 자기가 환생하도록 만든 아이라고 점점 더 믿게 된다.

다음 장면에서 폴 디와 시드가 2층 침실로 갈 때 덴버는 접시를 닦고, 빌러비드는 집게손가락을 빨면서, "그가 가게 내버려 둬"라고 말한다. 빌러비드는 손가락과 엄지로 어금니를 빼고 자기 몸이 자멸할 것을 두려워한다. 그녀는 폴 디와 시드가 관계를 가짐에 따라 자신의 입지가 사라지고 있음을 알고 흐느낀다.




13장에서 소설을 관류하는 해체 이미지는 시드가 동물의 뼈, 가죽, 머리와 내장을 개들이 먹도록 음식점 밖으로 흩뿌림에 따라 더욱 두드러지고 불길해진다. 폴 디의 아기 하나를 더 기르고, 뷰글러와 하워드가 집으로 돌아오고, 자신이 죽인 영아 대신 빌러비드가 남아 있을 가능성을 생각하면서 시드의 기력도 마찬가지로 흩어지는 것 같다.

한편, 폴 디는 남자가 된다는 의미를 곰곰이 생각하고, 124번지에서의 무력감을 노예로 있으면서 느꼈던 무력감과 비교한다. 그는 124번지에서 자신들만의 암호로 말하는 세 여자의 친밀한 관계에 소외감을 느낀다. 시드는 "우리들은 어쨌든 한 가족이었고, 폴 디는 우리 가족의 가장이 아니었다"고 자인하기까지 한다. 폴 디는 근무중인 시드를 만나 입장을 정리함으로써 남자다움과 가족 안에서의 위상을 되찾으려고 시도한다. 그는 빌러비드와의 관계를 폭로하면 빌러비드로부터 자유로워질 것으로 생각한다.

하지만 시드에게 털어놓을 기회가 오자 어린 여자의 접근을 막을 만큼 남자답지 못하다는 말을 할 수가 없다. 그 대신 시드가 자기 아이를 갖기 바란다고 선언함으로써 남자다움을 내세운다. 시드를 임신시키면 남자다움이 증명되고, 또한 자기 자신의 가족을 이루는 데 도움이 되리라는 생각이다. 시드의 인생에서 자신을 복원하려는 폴 디의 시도는 시드가 잠자리를 같이 하자고 할 때 성공하는 것 같다. 하지만 폴 디에 대한 애정에도 불구하고 시드는 폴 디가 자기 가족의 역학관계를 바꾸려 하는 것을 막으려는 의지가 확고하다.

시드는 이미 손상된 폴 디의 자존심에 상처를 주지 않으면서 그의 제안을 거절할 방도를 곰곰이 생각한다. 그녀는 어머니로서의 확신을 갖게 되고, 자기 가족은 완전하다는 것과 그루터기에 앉아 있는 빌러비드를 처음 봤을 때 상징적으로 양수가 터지는 경험을 한 것은 벌채된 나무처럼 베어진 딸을 그리워하던 수년간의 꿈이 이루어졌음을 깨닫는다. 이 장은 시드가 폴 디의 운명을 좌우한다는 점을 독자에게 확신시키면서, 폴 디의 심장이 그녀의 손 밑에서 부풀었다 가라앉고 부풀었다 가라앉는 것으로 끝난다.

14장은 시드가 폴 디를 다시 집으로 데려오고, 이어 자기 침실로 데려가기로 한 결정에 대한 빌러비드의 반응을 보여준다. 폴 디를 유혹할 힘이 충분하다는 것을 보여줬던 빌러비드는 이제 엄마의 애정은 물론 폴 디에 대한 영향력도 잃고 있다는 것을 느낀다. 그녀가 쉽게 어금니를 뺀 것은 그녀의 육체적 존재가 나약하며 또 그녀의 생존이 엄마 시드의 보살핌에 크게 좌우된다는 것을 의미한다. 빌러비드가 육체적으로 해체되는 모습에 오열하는 사이, 시드와 폴 디는 2층에서 성관계를 갖는다. 이러한 동시적 결합과 분리, 짝짓기와 해체는 이 기능장애의 가족을 재앙으로 더 가까이 몰고 간다.

# Chapter 15



## 과거를 돌아보는 베이비 석스

베이비 석스는 과거를 회상하면서 시드와 자녀들이 재회했을 때 느꼈던 환희가 할리에 대한 걱정으로 사그라졌다는 점을 밝힌다. 시드와 그녀의 갓난아기를 자유로 인도한 후 28일 되는 날 지하철도의 요원인 스탬프 페이드는 시드의 가족에게 흑딸기 두 통을 가져다주고, 하나를 덴버에게 먹인다. 스탬프 페이드의 선물에 고무되어 베이비 석스와 그녀의 회중은 90명을 위한 잔치를 벌여 이를 축하한다.

이 기쁜 행사가 한창일 때 베이비 석스와 그녀의 가족을 향한 반감이 자라나기 시작한다. 잔치에 참석한 이웃들은 베이비 석스가 노예신분에서 공식 해방된 것과 그녀의 2층집, 우물, 그리고 그녀를 124번지에서 살게 한 동네의 퀘이커교도 노예폐지론자들과의 관계를 부러워하게 된다. 다음날 스탬프 페이드가 장작더미에 나무를 보충할 때 베이비 석스는 뭔가 잘못됐다고 느끼고, 잃어버린 네 딸과 세 아들을 생각한다. 그녀는 자신의 여덟 번째 아이이자 가장 귀여웠던 할리에 대한 추억을 떨쳐내지 못한다. 할리는 가너 씨가 아내의 부엌일을 돕게 하려고 캐롤라이나에서 베이비 석스를 데려올 때 샀던 남자 노예다.

세 명의 노예 폴, 식소, 할리, 그리고 엉치뼈 탈골로 다리를 절뚝거리는 베이비 석스가 스위트 홈을 관리했다. 할리는 베이비 석스의 고통을 보고 너무 마음이 아픈 나머지 가너를 설득해 어머니를 자유롭게 하는 대가로 자기를 일요일마다 고용해 달라고 설득했다. 보통 자기 소유의 노예들에게 관대했던 가너는 이 제의를 받아들였다. 60대인 베이비 석스는 노예해방문서를 받는다. 가너 씨는 베이비 석스를 신시내티에 있는 보드윈 부부에게 넘기기 전 매도증서 상의 이름은 제니 휘틀로라고 밝혔다.

베이비 석스는 신시내티 주의 광활함과 백인들 숫자, 2층집들, 그리고 돈벌이 가능성을 보고 놀란다. 보드윈 부부를 위해 구두 수선공, 세탁부, 침모, 통조림 제조공으로 일을 시작한 그녀는 보디윈 부부의 조부모 소유였던 2층집을 사서 이사한다.



 모리슨의 이야기가 지닌 주요 전제는 후덕한 주인이 종종 이롭기보다는 해롭다는 것이다. 가너 씨와 그의 노예들의 관계에서 입증되었듯이 스위트 홈—스티븐 포스터의 감상적인 노래인 "나의 켄터키 옛집"의 재판(再版)—은 건물 밖의 냉혹한 세계로부터 노예들의 바람막이가 되어주었다. 가너는 하나님처럼 행동하고 인위적인 안식처를 자처함으로써 자기 노예들로 하여금 새 주인—인도주의에는

관심 없고 주로 이익

만 좇는―이 가하는

충격에 제대로 대비

하지 못하게 만들었다.

　　　이 장과 다른 장에서 또
보여주는 것은 가너 부부가 노예들을 어린아이로 여김으로써
그들의 품위를 떨어뜨렸다는 점이다. 시드에게 정식 결혼식을
올려주자는 생각을 하며 릴리안 가너는 생색을 내는 표정이
역력했다. 가너 씨가 보기에는 여덟 명의 짝 중 첫 남자와의
인연으로 생긴 베이비 석스의 노예이름은 품위가 없었고, 또
한 아버지가 다른 할리에게도 적절하지 않았다. 가너는 제니
휘틀로가 '자유의 몸이 된 검둥이'에게 더 적절한 이름이라고
주장하면서 베이비 석스가 지닌 아내와 어머니로서의 경험을
깎아내렸다. 베이비 석스는 자기 의견을 말하지 않지만, 헤어
진 가족을 찾을 수 있는 유일한 길은 가족들이 알고 있는 이름
을 지키는 것이라고 생각한다. 가족들이 어디에 있든지 자기
가 제니 휘틀로라는 백인 여자 이름으로 불린다면 자기를 알
아보지 못할 것이기 때문이다.

# Chapter 16

 막다른 골목에 내몰린 시드의 선택

또 다른 과거의 장면에서 네 명의 백인 이방인들—학교선생, 그의 조카 한 명, 노예 사냥꾼 한 명과 보안관—이 거만한 모습으로 블루스톤 가 124번지 쪽으로 말을 몬다. 노예들을 생포해서 돌아가는 것의 값어치를 아는 그들은 노예가족들의 거처를 살핀다.

베이비 석스는 스탬프 페이드가 나무를 패는 동안 자기 얼굴에 부채질을 한다. 그러나 시드는 이미 백인들이 오는 것을 보고 행동에 돌입한다. 네 사람은 시드가 빌러비드를 살해하고, 뷰글러와 하워드에게 부상을 입히고, 덴버의 머리통을 깨버리겠다고 위협하고 있는 통나무집을 바라보지만 때는 늦었다. 스탬프 페이드는 시드가 덴버를 판자벽에 내동댕이치기 전에 덴버를 구한다.

학교선생은 시드의 극단적인 행동의 원인을 일부 '그녀를 호되게 매질해서 갑자기 탈주하게 만든 자기 조카'에게로 돌린다. 미친 엄마, 부상당한 두 아이들, 그리고 유모도 없이 버려진 아기에 직면한 학교선생은 이 애새끼들이 스위트 홈에는 아무런 득이 되지 않으리라는 점을 깨닫는다. 시드의 젖을 빨았던 조카는 이 끔직한 장면에 놀라 보안관이 사태를 수습하는 동안 몸을 부들부들 떤다. 학교선생과 그의 무리들은 지나친 '자유'가 노예들을 아프리카의 야만인으로 전락시켰다고 결론짓는다.

보안관이 시드를 구금하기 전 스탬프 페이드는 시드의 손아귀에서 빌러비드의 시신을 빼내고 덴버를 건네려고 한다. 베이비 석스는 서둘러 다친 손자들을 돌본다. 시드는 빌러비드를 포기하고 덴버에게 피묻은 젖 꼭지를 물린다. 보안관의 마차에 곧추 앉은 시드는 구경꾼들이 웅성대는 가운데 압송된다. 빨간 머리 소년 하나가 다가오는 마차에서 뛰어내려 베이비 석스에게 수선할 신발 한 켤레를 건넨다.



**문학적 장치** 15장에서는 특히 스탬프 페이드가 흑딸기를 따면서 맞닥뜨리는 가시 돋친 고사리들 같은 불길한 이미지들이 맴돌았다. 그러나 예수의 머리에 씌운 가시 면류관처럼 그것들의 파괴적 힘에도 불구하고 스탬프 페이드의 살을 찌르는 날카로운 가시들은 그에게 아기 덴버에게 먹일 달콤한 열매를 제공했다. 고통과 감미가 교차했다. 마찬가지로 예수가 제자들에게 먹인 빵과 물고기, 그리고 십자가에 못 박히기 전에 가졌던 최후의 만찬처럼 124번지에서 있었던 완벽한 향연은 시드에 대한 흑인 사회의 배신을 예시하며, 그녀의 예기치 않은 폭력으로 그들의 평화는 깨졌다.

15장은 고통과 감미의 이미지들을 버무려놓았고, 16장은 쓰디쓴 수확, 즉 노예제의 최악의 두려움을 느린 동작으로 보여주는 합성사진을 쏟아낸다. 시드와 그의 가족에게 가시나 시기하는 이웃들보다 더욱 위협적인 것은 '4인의 기사들'이다. 이들은 노예시대판 묵시록의 4기사 — 기근, 전쟁, 역병, 죽음의 불길한 화신 — 다. 4인의 백인 각각은 비인간성의 한 측면을 나타낸다. 무명으로 남는 학교선생은 노예들에 관해서는 냉정함과 초연함으로 일관한다. 그는 노예들을 스위트 홈의 가축으로 본다. 이익을 쫓는 노예 사냥꾼은 돈 되는 노예들의 가치를 알아본다. 그의 눈에 이런 노예들은 이용 가능성을 보존하고 최대한의 가치를 유지하도록 폭력으로부터 보호해야만 한다. 역시 신체적 폭력의 희생자인 조카는 자기가 뿌린 폭력의 씨앗에 대해 너무 늦게 깨닫는다. 4인의 기사들 중 아마도 가장 동정을 자아내는 인물은 보안관이다. 그는 도망노예들의 포획과 송환을 허가하는 부당한 법을 옹호해야 한다. 게다가 한 여성이 자식에게만은 노예제의 고통을 면하게 해주려고 자식을 죽이는 인간적 희생에는 아랑곳하지 않고 행동해야 하기 때문이다.

# Chapters 17, 18

 **줄거리**   폴 디는 시드의 과거를 알게 되고

　현실로 돌아오면서 스탬프 페이드는 폴 디에게 시드가 빌러비드를 죽인 죄로 수감됐다는 증거를 제시한다. 그는 폴 디에게 살인을 설명하는, 오려낸 기사 속 연필로 그린 시드의 얼굴을 보여준다. 폴 디는 그려진 여자의 입이 시드의 입이 아니라고 부인한다. 스탬프 페이드는 베이비 석스가 위험이 다가오는 것을 느꼈다는 점에 주목하면서 살인경위를 설명한다. 전날 밤의 축제 때문에 피디 참석지들은 경게심을 늦췄고, '용의자이 눈초리를 한 어떤 낯선 백인들'도 감지하지 못했다. 스탬프 페이드가 신문

기사를 큰 소리로 읽은 후에도 폴 디는 계속 그것이 사실일 리가 없다고 한다.

폴 디는 시드에게 진실을 말하라고 요구하는데, 그녀의 말에는 공포와 아픈 기억이 섞여 있다. 큰 비탄에 잠겨 앉지도 못하는 시드는 아기들과 영양식에 대한 지식이 부족하다는 것과 기어다니는 빌러비드를 유인한 계단의 페인트칠, 그리고 스위트 홈에서 일하며 동시에 자녀들을 돌보려 했던 때를 기억하면서 부엌을 서성댄다. 폴 디는 시드가 아기를 작은 톱으로 살해했다는 것을 알게 된다. 그는 시드가 살인죄를 저질렀다고 비난하고는 집을 나가버린다. 시드는 두 번 다시 폴 디를 보지 못할 것이라고 생각한다.




어머니가 자식을 죽이는 것은 자연법칙을 뒤엎는 행위이다. 어머니는 생명을 파괴하지 않고 창조하는 존재여야 한다. 빌러비드의 죽음에 관한 진실이 마침내 밝혀지고 모리슨은 죽음과 부자연스러운 상황으로 구성된 이야기로 넘어간다. 스탬프 페이드가 폴 디에게 이야기한 무대는 도살장이며, 그곳에서 그들은 매일 죽음과 함께 일한다. 폴 디는 오려낸 신문기사를 보면서 즉각 백인 신문에 나타난 시드의 모습이 주는 의미를 깨닫는다. 흑인들에 관한 기사는 백인들의 흥미를 끌 정도로 끔찍한 사건이 아닌 이상 보통 백인 신문에는 나오지 않는다. 백인 사회가 어떤 흑인을 인정하는 것이 부자연스럽듯이

노예출신들로 이루어진 흑인 사회가 백인 노예 사냥꾼들로부
터 자기들 사회를 보호하지 않는 것 역시 부자연스러운 일이
다. 하지만 바로 이런 일이 시드가 자기 아이들을 죽이려고 했
던 날 일어난 것이다.

　　　스탬프 페이드의 살인사건 폭로에 폴 디가 저항한 것은
그러한 행위가 자아내는 공포와 의심의 정도를 나타낸다. 우
리가 보았듯이 폴 디는 끔찍하고 비인간적인 경험을 많이 했
기 때문에 강인하며 고난과 고통에 거의 무감각하다. 모리슨
은 그가 일하는 도살장의 작업환경을 묘사하면서 독자에게 그
의 강건함을 상기시킨다. 폴 디는 쉽게 충격을 받는 사람이 아
니다. 하지만 시드가 벌인 살인의 성격과 그녀가 자기 행동이
잘못됐다는 것을 이해하지 못하고 있다는 데 대해 공포를 느
낀다.

성격묘사가 현저히 반전되는 가운데 시드는 폴 디가
오려낸 신문기사를 보여주자 부엌을 오가며 미친 듯이
춤을 춘다. 그녀는 농장에서 일하면서 자식들을 제대로 먹이
지도 못하고, 돼지고기 훈제용 불, 우물, 그리고 레드 코라의
말발굽으로부터도 보호하지 못한 무능을 토로한다. 시드에게
즉시 아기의 살해 여부를 물을 수 없는 폴 디는 절대적인 사
랑 ― 자격을 따질 필요가 없는 사랑 ― 으로 시드를 바라본다.
두 사람의 대치와 소설 자체의 절정은 단순한 말로 표현된다.
"내가 그렇게 했어. 난 우리 모두를 (학교선생의 압제에서) 구

한 거야.” 노예제와 절망에 억눌린 시드는 여자, 노예, 임신한 자기가 ‘할리 없이도’ 용케 가족을 구했다는 자부심을 과시한다. 그녀는 자신의 행위를 극적으로 보여주기 위해 자신을 ‘깊고 넓고 팔을 벌리면 내 자식들 모두가 안길 수 있는’ 존재로 마음속에 그린다. 시드는 가족들을 보호할 수 있는 자신의 능력을 자찬한다.

핵심적인 장면은 시드의 마지막 질문, 즉 “내 말이 무슨 뜻인지 알겠어요?”이다. 폴 디는 왜 노예출신은 적어도 학교선생과 그런 부류의 남자들로부터 자유로워질 때까지는 ‘자신을 (보호하고) 작게 (사랑해야)’ 하는지 이해한다. 그는 시드가 조지아 주 알프레드 수용소에서 ‘자신을 확 찢어놓을 커다란 사랑’에 마음을 엶으로써 감수했던 위험을 이해한다. 시드와 폴 디는 각자의 무시무시한 경험을 통해 계속 연결된다. 폴 디에게는 여럿이 줄줄이 사슬에 묶여 작업하던 고통스런 삶과 땅 밑의 관에서 잠을 자던 이야기가 있고, 시드에게는 (빌러비드와) 가족들 어느 누구도 학교선생 밑에서 살지 않게 해야 하는데도 그렇게 할 수 없었던 사연이 있다.

제1부를 끝맺는 일순간의 깨달음은 언어를 초월해서, 즉 인간의 의사소통 영역 밖에서 표현된다. “노. 노. 노. 노. 노노노.” 시드의 영혼 속에는 은유의 벌새들이 머리수건을 뚫고 붕붕 날갯짓을 하며 뇌 속에 절박한 행동방식을 계속 주입한다. 따라서 추격자가 따라올 때쯤 그녀의 팔에 안긴 아이

는 이미 최후의 피를 쏟는다.

진실을 알게 된 폴 디는 마침내 시드를 스위트 홈에서 베이비 석스의 자리를 대신했던 아이 같은 여자와는 아주 동떨어진 전혀 다른 여자로 느낀다. 그는 한 아기를 죽이고 두 아들을 떠나게 만든 시드의 사랑이 지닌 '우둔함'을 매도한다. 폴 디는 그녀의 잘못된 행동을 비난하며 이례적으로 퉁명스런 말로써 두 사람 사이에 장벽을 쌓는다. "시드, 당신 발은 두 개지 네 개가 아냐." 그녀는 숲 속을 응시하는 야수처럼 폴 디의 공포를 정확히 알아채고 중얼거린다. "잘 가요."

제 2 부

# Chapter 19



### 16년 만의 지각

스탬프 페이드는 폴 디가 그 신문기사를 본 날에 블루스톤 가 124번지를 떠났다는 것을 알고는 시드 가족의 사생활을 침해한 데 대해 자책한다. 그는 남북전쟁 직전 빌러비드의 살인이라는 '불행'과 베이비 석스의 죽음 이후 베이비 석스의 가족이 겪었던 일련의 사건들을 곰곰이 생각한다. 그는 베이비 석스의 사망 이후 이웃들이 빌러비드의 장례식을 멀리하고, 돌처럼 무덤 곁에 서 있던 시드로부터 거리를 두었음을 기억한다. 폴 디가 떠난 후 엿새 동안 스탬프 페이드는 시드의 문을 두드리려 하지만 용기가 나지 않는다.

124번지 문의 안쪽에서는 시드가 노여움을 풀려고 노력한다. 그녀는 덴버와 빌러비드를 스케이트장에 데려가기로 하지만, 가기 전 그녀의 생각은 감방, 귀고리를 잃은 것, 그리고 베이비 석스가 감방 창살 사이로 건네준 작은 음식꾸러미로 돌아간다. 시드는 아기의 장례식에 참석하려고 집을 비운 동안 하워드와 뷰글러가 자기 곁에 오기를 거부했다는 사실을 기억한다. 수감된 지 3개월이 지나기 전에 시드는 자유를 되찾는다. 그녀는 묘석을 새겨주는 대가로 몸을 허락하면서 석공에게 장례식 기도 중 파이크 목사가 말한 '한없이 사랑한 빌러비드'를 새기도록 한다. 이러한 기억들로 짓눌린 시드는 16년 만에 처음으로 느지막이 무거운 걸음으로 출근한다.

스탬프 페이드는 자기 이름의 유래를 곰곰이 생각한다. 그는 덴버와 베이비 석스에게 진 빚이 있는지 의아해 하면서 시드의 이상한 가정에 대해 엘라와 상의한다. 엘라는 빌러비드의 살해 이후 시드를 냉대한 많은 흑인 이웃들 중 한 사람이다. 엘라는 스탬프 페이드에게 줄곧 교회에서 유숙하는 폴 디에게서 그 질문에 대한 답을 찾을 수 있을지 모른다고 암시한다. 스탬프 페이드는 폴 디가 어려울 때 집을 열어주지 않은 엘라를 나무란다. 그는 시드에 대한 엘라의 비판을 받아들이지 않고, 그 자신의 간섭으로 인해 폴 디가 124번지를 떠났다는 점을 인정한다.

시드는 소여의 음식점에서 일과를 마치면서 가너 씨가 세상을 떠나기 진 스위트 홈에서 소어가 얼마나 믿을 만했딘지를 싱기한다. 그린데 가너 씨 사망 이후 사정이 변했다. 노예들은 생명을 부지하려고 훔치고, 거짓말 하고, 속여야 했다. 그녀는 학교선생이 자기 조카들에게 그녀의 인간적 특성과 동물적 특징을 목록으로 만들라고 지시하는 소리를 듣고서 느꼈던 모멸감을 상기한다. 그녀는 뷰글러와 하워드가 곧 매매대상이 될 만큼 클 것이라는 생각 때문에 잠을 설친다. 시드는 자식들을 노예상태에서 구한 것을 자축한다.



모리슨은 노예출신들에 대한 학대가 노예상태에서 탈출하는 것으로 끝나지 않음을 분명히 한다. 법은 베이비 석스가 매장될 때까지 그녀의 인생에 개입한다. 그녀는 학교선생이 도망노예법을 근거로 시드를 위협해 혼란에 빠뜨리기 전에 며느리와 손자들을 알고 지낸 기간이 겨우 4주에 불과하다. 감당하기 힘든 많은 번민거리로부터 벗어나기 위해 침대로 간 베이비 석스는 죽을 때까지 색깔이 주는 추상적인 편안함에 몰두한다. 베이비 석스의 매장지로 시드가 원하는 "공터로 그분을 모시자"는 시도는 또한 공동묘지 안치를 강제하는 법의 반대에 부딪힌다.

**주제탐색** 그리스 신화의 비극에서 빠지지 않는 오만이라는 고전적 주제는 시드를 비극적 여주인공으로 묘사한다. 그녀의 무례한 자족적인 행동 때문에 이웃들은 보통 노예출신들에게 주어지는 동정과 우애를 거둬들이고는 그녀를 배척한다. 베이비 석스의 죽음 이후 조문객들은 124번지에 발길을 끊고 시드의 음식을 먹지 않는다. 스탬프 페이드는 그 가족의 운명을 생각하면서 비열함과 시기심에서 행동한 자신을 책망한다. 그는 시드에게서 '자만은 몰락'임을 깨달음으로써 자기 마음속에 있는 자만을 밝혀낸다. 관대하지 못한 자기 행동에 수치심을 느낀 스탬프 페이드는 자기를 도망노예들의 구원자와 '그리스도의 전사'에서 비열한 간섭자로 격하시킨다.

**주제탐색** 또 하나의 고전적 주제인 조화는 지역사회의 의심, 책망, 소외가 가하는 압력으로 인해 재빨리 붕괴한다. 빌러비드가 죽기 전에 노예출신들의 공동체는 베이비 석스 집의 따뜻함 속에서 그들의 불행을 나누었고, 숲 속 공터에서 자발적인 폭로와 환희의 분출을 함께 했다. 이러한 관계는 빌러비드의 유령이 관대함과 용인의 정신을 대체하면서 사그라진다. 시드는 조화 대신에 자녀들을 채찍질, 사형, 굶주림, 매매로부터 구원하는 데 성공했던 만족감으로 자신에게 보상한다. 그리하여 인내라는 주제는 조화보다 우선하게 된다. 자신의 노력에 만족한 시드는 집단적으로 그녀에게 등을 돌리며 불화를 일으키는 이웃과 담을 쌓는다.

미끄러운 얼음 위에서 문자 그대로, 또 상징적으로 스케이트를 타면서 시드와 덴버는 각각 한 짝의 스케이트를 같이 쓰는 반면, 한 켤레를 받은 빌러비드는 손님에게 주어지는 특권을 누린다. 국외자들은 관찰하지 못하는 이 장면은 시드의 보이지 않는 눈물로 끝이 난다. 아이들은 집으로 돌아가면서 시드를 신체적으로나 정서적으로 지탱해 주고, 시드는 집에서 이들에게 따뜻한 우유로 답한다. 그러나 블루스톤 가에서 이 가족이 처한 불안정한 위치로 인해 상징적으로 묽어진이 우유는 인공 감미를 필요로 한다.

# Chapters 20, 21

 **빌러비드는 덴버의 희망**

20장에서 시드는 빌러비드를 되찾기로 결심하고 계속 과거를 떠돈다. 그녀는 가너 부인에게, 학교선생이 지켜보는 가운데 그의 조카들이 자기를 폭행한 사실을 일러바친 것을 상기한다. 와병중인 가너 부인은 이 폭거에 대해 아무 조치도 취하지 않았다. 죽어가는 여자의 침실 창문을 통해 시드는 총소리를 듣는다. 그녀는 재빨리 세 자녀들을 마차에 있는 여자에게 맡기고 남편 할리를 찾아보려고 스위트 홈으로 돌아간다. 자녀들을 피신시켰다고 매를 맞은 그녀는 채찍질로 등살이 벗겨지고, 혀를 깨무

는 바람에 혀끝이 조금 떨어져나간다.

21장에서 덴버는 엄마가 오빠들을 죽이려 한 후에 오빠들이 엄마를 무서워했던 것을 곰곰이 생각한다. 덴버는 자기가 은둔자라는 점을 스스로 인정하며 이렇게 말한다. "레이디 존스의 집에 온 이래 난 124번지를 내 발로 나간 적이 없지. 절대 없어." 그녀가 124번지 밖의 세상으로 나간 것은 장례식과 사육제 나들이뿐이었다. 덴버는 엄마가 자기와 빌러비드를 해칠 것이라는 걱정으로 마음이 몹시 불안했기 때문에 경계를 늦추지 않으면서, "이번에는 내가 엄마를 빌러비드에게서 멀리 떨어져 있게 해야겠어"라며 걱정한다. 또 폴 디가 가고 없는 것이 좋아 어쩔 줄 몰라 하면서, '맴과 그 어떤 것도 집 뜰에 발을 들여놓지 못하도록 지키는 것을 아빠가 와서 도와줄 때까지' 버티겠다고 맹세한다. 덴버의 현실에서 밝은 부분은 베이비 석스다. 그녀는 덴버에게 자신의 몸에 감사하고 사랑하라고 가르쳤다. 덴버의 미래 희망은 빌러비드이고, 빌러비드는 베이비 석스의 사망으로 생긴 빈자리를 메우러 돌아온다.



시드는 빌러비드의 죽음이 지닌 역설을 곰곰이 생각한다. 그러면서 "내가 만약 그 애를 죽이지 않았더라도 그 애는 죽었을 것이고, 그런 일이 그 애에게 생긴다는 것은 나로서는 도저히 참을 수 없는 일이다"고 단언한다. 그녀의 독백에서 혼합된 모성의 이미지들이 요동친다. 그녀는 '백인 아기들'에게 주다 남은 우유를 자기에게 먹인 낸을 회상한다. 인후종이라는 괴질이 발병한 가너 부인을 정성스레 간호하는 자기 모습도 생각한다. 할리와의 결혼도 곱씹어본다.

시드는 빈번히 작은 깨달음을 경험하면서 자기가 성취한 일을 자찬한다. "난 오래 버텼어. 그래서 내 아이가 집에 온 거야."

시드는 자신의 선택이 무엇을 가져다주었는지를 숙고하면서 노예출신으로서는 이례적인 반항심을 보인다. 16년만에 처음 일터에 늦은 그녀는 노예출신을 기꺼이 고용하는 몇 안 되는 사람 중 하나인 소여에게 일자리를 잃을지도 모르는 위험을 무릅쓰고 짜증을 내며 비난한다. 처음으로 시드는 베이비 석스가 색깔에 집착한 이유를 이해하고, '태양이 하루에 하는 일'을 곰곰이 생각하는 자유가 노예출신의 인생에서 참고해야 할 하나의 표준임을 깨닫는다. 시드는 또 베이비 석스가 죽어가는 아기를 덮었던 '붉은 색을 좋아하지 않은' 이유를 이해하게 된다.

시드는 미래를 바라보면서 자기 '엄마'와 가족들의 재회를 바란다. 엄마 특유의 미소를 기억하는 시드는 도살장 마당에서 몸을 팔던 '토요일의 여자들'이 보여준 부자연스러운 유객 모습처럼 쇠재갈을 물은 엄마의 입이 위로 추켜져 미소 짓는 것처럼 보였다고 확신한다. 시드는 보드윈 부부가 가족을 부양할 수 있도록 주급 3달러 40센트짜리 일자리를 찾아주기 전까지 자신이 매춘과 그 강요된 미소에 얼마나 바짝 다가

갔었는지를 상기한다.


20장에서 본 시드의 내면적 독백의 자매편인 21장은
그 관점을 덴버의 강렬한 욕구와 불안한 정서로 옮겨
간다. 시드처럼 과거와 '엄마가 매일밤 내 목을 치는' 집요한
악몽의 희생자인 덴버도 이젠 유령 같은 언니와 함께 있어 참
을 만한 자신의 은둔을 음미한다. 덴버는 만약 위험이 닥쳐 엄
마가 다시 자포자기적인 살인으로 내몰릴 경우 그것을 피하는
방법에 관한 오빠들의 조언을 기억해낸다. 덴버에게 유년기의
유쾌하지 못한 기억들이 떠오른다. 긁는 소리, 어두운 오두막,
엄마의 옷에서 나는 절망의 냄새, 방구석에서 지켜보는 '뭔가
작은 것' 등등.

덴버는 스스로 부과한 정체불명의 두려움, 소외와 동경
의 형벌을 받으면서 아픔을 차단하는 녹색 예배당인 '비밀의
집'에 칩거한다. 그녀는 바람막이 공터에서 베이비 석스의 기
억—생존과 자유의 기쁨, 자기 집의 주인이라는 자부심, 그리
고 어머니를 노예상태에서 해방시켜 고통을 덜어주려고 열심
히 노력한 할리에 대한 감탄—을 통해 자신의 상처받은 정신
을 감싼다. 덴버는 빌러비드의 피가 묻은 젖에서 젖을 먹어 자
신이 유령의 위협에 면역이 생겼다고 믿는다. 고립된 생활로
인해 자매간의 정신적 교류를 갈망하는 덴버는 이 방문객을
사랑한다. "빌러비드는 내 거야. 그녀는 내 거야."

# Chapters 22, 23



## 저승으로 돌아가지 않으려는 유령

어른의 몸에 유아의 지각력을 지닌 빌러비드는 죽음이 '내 얼굴 위에서 죽은 남자'이고, '햇빛이 틈새로 들어오는' 저승에서의 경험을 설명하려고 노력한다. 그녀에게 남은 가장 강렬한 감정은 엄마 시드에 대한 사랑이고, 시드를 '씹어 삼키는' 존재로 관찰한다. 저승으로 되돌아가지 않으려는 생각에 골몰해 있는 유령은 힘주어 말한다. "나는 죽지 않았어. 죽지 않았다니까."



 빌러비드는 "그림인 것들을 내가 어떻게 말할 수 있겠어"라고 말한다. 이처럼 빌러비드의 감성과 언어는 유아기로 되돌아가서 어른의 신체에 상응하는 논리력과 표현력이 없다. 빌러비드는 '죽은 사람들의 작은 동산' 위에서 '멋진 일'에 심란해 하면서, 여전히 모성애의 끈에 이끌려 "난 엄마를 또다시 잃을 수 없어"라고 힘주어 말한다. 자신이 썩고 폭풍우 속에 매몰되리라는 공포가 소외감과 뒤섞인다.

빌러비드는 탄식한다. "나를 원하는 사람은 아무도 없어? 내게 이름을 말하는 사람이 없단 말이야." 모리슨은 이 죽은 아이의 심성을 탐구하기 위해 비표준적인 사이 띄기와 구문을 사용한다. "다시 다시-밤낮으로-밤낮으로-난 기다리고 있다-내 목에는 쇠고리가 없어." 자기를 엄마와 동일화하려는 빌러비드의 욕구가 너무 강해 정신은 사랑 속에 파묻히고 만다.

"엄마는 웃음이야? 난 웃음소리야? 엄마 얼굴이 내 얼굴이야."

시드를 딸과 떼어놓지 못하는 이승과 저승 사이를 물로 가르는 초현실주의적인 묘사에서 그 떠나버린 혼령은 '다리 아래의 물 속에' 남는다. 분석가들은 이 장에서 집단적 무의식으로부터 부활된 하나의 장면, 즉 아프리카 흑인들을 배에 태워 신세계의 노예항들로 흩어지게 한 이른바 흑인 이산이라는 어두운 기억을 끄집어낸다. 빌러비드는 이 무서운 항해에 대해서는 몰랐지만 그녀가 죽은 흑인들과 하나가 되려면 노예선 선창의 비좁은 공간에 갇혔던 흑인들의 처지를 경험해 보지 않을 수 없다.

엄마와 살해당한 아이 사이의 병적인 질문은 진실에 도달한다. 시드는 묻는다. "넌 저승에서 오지 않았니?" "너 나를 용서해 주겠니? 여기 남겠니? 넌 이제 여기서는 안전해." 빌러비드는 '피부 없는 남자들', 즉 그녀를 켄터키로 다시 데려가려고 했던 백인들에 대해 묻는다. 시드는 가장 강한 축복의 말, 즉 빌러비드에게 안전, 축복, 관용을 보장하는 미소를 보낸다.

세 여자의 목소리가 만들어내는 3중주인 23장은 각자가 동경하고, 각자가 사랑, 안전, 과거의 추방에서 자양분을 찾는 세 여자의 선율과 조화를 이룬다. 대화는 덴버에게로 옮겨간다. 덴버는 빌러비드에게 너무 많이 사랑함으로써 너무 많이 모험하지 말라고 경고한다. 오두막집 판자벽에 부딪쳐 비명에 죽을 뻔하다가 스탬프 페이드에게 구조된 날로부터 상

처받기 쉬웠던 덴버는 '그녀가 꿈을 줄 수 있다'는 것을 알고
있다. 마치 게걸스러운 괴물처럼 엄마 시드는 '씹어 삼킨다.'
유일한 안전은 다른 꿈, 즉 상상 속의 구조자에게서 찾아진다.
"아빠가 우리를 데리러 올 거야. 멋진 일이지."

시드, 빌러비드, 덴버 세 사람은 우유, 미소, 피로 축복
을 받으며 마지막 곡에서 하나가 된다. 이 축복은 부두
교*의 주문처럼, 고전음악 애호가의 주문처럼, 각자에게 한 번
씩 세 번 행해진다.


    너는 내 것
    너는 내 것
    너는 내 것.


---

* **부두교**(Voodoo): 서인도제도와 미국 흑인들 사이에 행해지는 악마숭배, 주물(呪物)숭배, 주술(呪術) 등을 관행으로 하는 종교의 일종.

# Chapter 24

   회상

홀리 리디머 교회 입구에서 폴 디는 술을 병째로 조금씩 마시며, 한 때 약해지려는 마음을 보호해 준 교회의 딱딱한 외벽을 응시한다. 그는 가너 씨의 죽음 이후 급속히 붕괴된 노예들의 안식처 스위트 홈의 종말을 되새긴다. 폴 디와 다른 노예들이 외부세계의 노예제에 대한 식소의 설명을 믿으려 하지 않았기 때문에 폴 디는 조지아 주의 잔인한 알프레드 노예수용소에서 값비싼 대가를 치르고 그 진실을 발견했다. 남자노예들이 스위트 홈을 탈출하려고 한 날 식소는 연인인 30마일의 여인을 만나게 되어 있었고, 할리도 처와 세 자녀들을 데려오기로 되어 있었다. 옥수수밭에 숨은 지하철도의 흑인 여성요원이 하룻밤 반나절을 기다리겠다고 약속하고 자기 위치를 알 수 있게 '딸랑이를 울리기'로 했다.

폴 디는 그날 밤 정체불명의 총소리를 듣고, 이유를 설명할 순 없지만 할리가 버터 교유기의 버터를 먹고 있는 걸 보았던 기억이 난다. 식소는 폴 디와 30마일의 여인과 함께 했지만 폴 에이, 할리, 또는 할리의 가족들은 왜 없었는지 설명할 수 없었다. 학교선생, 네 명의 어른, 그리고 몇몇 학생들이 말라버린 하천 바닥에 접근하자 식소는 자기 여자를 사정거리 밖으로 밀어냈다. 그와 폴 디는 붙잡혔고, 식소는 저항했다. 학교선생은 식소를 생포하려고 했지만 결국 스위트 홈에 쓸모없는 놈으로 결론을 내렸다. 학교선생은 식소의 허리를 나무에 매어놓고 불을 지핀다. 그 다음 그는 식소가 아직 태어나지 않은 자기 아기에게 불러주는 노래 '세븐-오! 세븐-오!'를 잠재우려고 식소에게 총을 쏜다.

학교선생은 '폴 디가 스위트 홈에서 애쓴 보람이 있도록' 그를 900달러에 팔고, 그 대신 두 젊은 남자노예들을 들일 것이라고 말했다. 학교선생은 폴 디의 행동을 제압하려고 '살이 세 개 달린 칼'을 목에 채웠다. 폴 디가 다리를 절면서 음식이 담긴 단지 쪽으로 가자 시드가 그를 발견하고 이유를 묻는다. 자신의 무력함에 수치심을 느낀 폴 디는 시드가 여전히 탈출의지가 확고하다는 것을 깨달았다.

폴 디는 1855년의 실패한 탈출에서 얻은 단서를 종합해서 시드가 자기를 떠난 후 얼마 안 되어 학교선생의 조카들로부터 폭행을 당했다고 추정한다. 시드는 그때 가너 부인에게 폭행 사실을 일렀고, '소가죽' 채찍질을 당하고도 살아남았다. 폴 디는 시드의 용기에 탄복하고 '그녀의 가치는 자기보다 크며, 비용도 들지 않고 재생되는 재산'이라는 것을 깨닫는다. 그는 자기가 지붕 없는 4륜 마차에 매달려져 조지아 주의 알프레드 수용소로 향하면서 '입 속에 쇠재갈을 물고' 웃은 사실을 상기한다. 폴 디는 지난 일을 돌이켜보면서 30마일의 여인이 영위할 새 인생의 축하곡인 주바 노래를 식소와 함께 부르지 않았던 것을 아쉬워한다. 자기의 가치를 돈으로 환산하고, 시드가 번식동물로서 자기보다 훨씬 더 값이 나간다는 것과 거만한 수탉 미스터에게 수모를 느낀 폴 디는 조지아 주의 감옥에서 견뎌내야 할 모욕감이 어떨지는 상상하지 못했다.

폴 디는 할리의 아내 시드를 향한 달콤한 사랑의 올가미를 받아들인다. 그녀야말로 그가 자신의 위축된 감정을 어루만지도록 가까이 있게 한 유일한 여자다. 그녀의 집에서 그는 '누더기 인형'이 된다. 그는 사나이가 '깊게 파고 들어 매달릴 수 있는, 견고하지만 실체는 찾아내지 못하는 만약에라는 생각들'을 곱씹는다. 자신의 무력감을 드러낸 엄연한 현실은 사소한 일들을 통해 분명해진다. 탈주중이던 그는 신을 신발 같은 물건이 없고, 지리, 도로표지, 그리고 자유인들과의 교류에 대해 전혀 아는 것이 없다.

시드와 폴 디는 노예생활을 하면서 모두 비인간적인 취급을 받았지만 이러한 경험에 대한 두 사람의 반응은 상이한 역할 때문에 서로 다르다. 시드는 어머니로서 힘과 결의를 얻는다. 시드에게는, 제 아들들을 노예 경매장에서 잃고 젖먹이에게 줄 양식을 잃는다는 것만으로도 스위트 홈에서 탈출할 이유가 충분하다. 임신해 배가 부르고, 남편과 떨어지게 되고, 심한 매질에 상처를 입더라도 탈출을 막을 수는 없다. 한편, 폴 디는 남자로서의 역할밖에는 아는 게 없다. 폴 디에게는 노예제로 인한 존엄성의 손상은 거세나 다름없다. 시드가 받아주기만을 기다리는 그로서는 목에 채워진 살이 세 개 달린 칼로 인해 시드 앞에서 수치심을 느낀다. 폴 디는 시드가 노예생활을 면하게 하려고 아기를 죽인 사실을 알게 된 후 시드의 힘과 결단력에 거리감을 느낀다. 남성행동의 한 정형이 되겠지만 폴 디는 상처받은 자아를 술로 달랜다.

# Chapter 25

 시드를 옹호하는 스탬프 페이드

크리스찬의 소명에 여전히 충실한 스탬프 페이드는 교회에서 폴 디를 발견하고, 자신이 끼어든 데 대해 용서를 구하며 동네 흑인 집에 거처를 마련해 주겠다고 제의한다. 폴 디는 파이크 목사가 자기에게 그의 저택을 개방해 두었다는 점을 고백하면서 스탬프 페이드의 고민을 덜어준다. 폴 디는 혼자 있는 것이 좋았기 때문에 그 제의를 거절했었다. 스탬프 페이드는 흑인 이웃들이 비록 자부심이 지나친 사람에겐 아주 냉랭하지만 친절하다고 주장한다.

스탬프 페이드는 폴 디와 시드의 관계를 방해한 것을 만회하려고 하면서 그의 아내 바슈티가 백인 주인과 수개월간 불륜을 저질러 화가 나서

그녀를 죽일 생각을 했었다는 얘기를 한다. 아내의 불륜에 모멸감을 느낀 그는 이름을 조슈아에서 스탬프 페이드로 개명했다. 그는 자신의 살인욕구는 노예제가 만들어놓은 자기 모습만큼이나 비열하다고 말한다.

자기 집에 묵으라고 제의한 이웃 흑인 주디가 누구인지 폴 디가 묻자, 스탬프 페이드는 시드의 영아살해에 대한 목격자 진술을 말하면서 이를 가로막는다. 그는 분명히 말한다. "시드는 미친 게 아냐. 애들을 사랑했지. 그녀는 가해자보다 더 심한 해를 끼치려고 했던 거야." 스탬프 페이드는 폴 디가 124번지에서 두려워하는 게 뭔지 다그친다. 폴 디는 빌러비드의 갑작스런 출현과 행동으로 마음이 편치 않다는 점을 인정한다. 평생의 고통을 재빨리 계산한 폴 디에게 한 가지 질문이 남는다. "깜둥이는 고통을 얼마나 참아야 하는 건가?"




스탬프 페이드와 폴 디의 대화는 두 사람이 노예제가 빚은 정서적 격변과 계속 싸우고 있음을 드러낸다. 독자는 폴 디가 노예경험으로 얼마나 괴로워하는지 보았다. 여기서 스탬프 페이드는 아내가 자기 몸을 카메오와 리본으로 장식해 준 백인 주인의 성적 노예가 되는 기막힌 모멸감의 아픔을 함께 나눈다. 폴 디가 시드의 살인행위를 받아들일 수 없는 것처럼 스탬프 페이드도 부정한 아내를 용서할 수 없음을 설명한다. 그밖에 스탬프 페이드도 폴 디처럼 오랜 도피를 통해 노예제로부터 벗어났다. 그는 상징적인 이름과 북쪽으로 탈출하겠다는 결의를 다지고 노예주에서 탈출해 멤피스를 거쳐 결국은 컴버랜드로 향했다.

폴 디가 인간이 고통받는 이유와 어느 정도까지 그 고통을 짊어져야 하는지 묻자 인내심 강한 스탬프 페이드는 자신이 참을 수 있는 모든 것을 겪어야만 한다고 말한다.

제 3 부

# Chapter 26

 **과거의 늪에 빠진 불구자들**

블루스톤 가 124번지에서 의지의 전쟁은 계속된다. 시드는 굶고 있는데 빌러비드의 배는 불러간다. 시드는 빌러비드 '턱 바로 아래, 간지럼을 잘 타는 바로 그 자리'에 있는 흉터를 보게 되면서 그녀에게만 관심을 쏟는다. 시드는 빌러비드에게 빠진 나머지 일자리를 잃는나. 왜냐하면 소여가 더 이상 그녀에게 의존할 수 없게 되었기 때문이다. 말년의 베이비 석스만큼 정신착란 상태인 시드는 남은 38달러를 '리본과 옷가지들… 파란 줄무늬와 생기 넘치는 날염이 된 밝은 옷들'을 포함해 호사스러운 물건을 사는 데 쓴다. 가족들은 서로를 경계의 눈초리로 바라본다. 덴버는 빌러비드의 인생을 걱정하고, 빌러비드는 끊임없는 관심과 응석 받아주기를 요구하고, 시드는 딸아이를 죽인 데 대해 면죄를 구한다. 마침내 시드는 과거의 상처를 풀어놓고, 빌러비드는 엄마가 자기를 버렸다고 힐난한다. 시드는 가족들이 '저승에서 영원히' 재회할 수 있다는 희망으로 이를 반박한다.

비난과 맞비난은 계속된다. 덴버는 빌러비드가 자기를 버린 데 대한 보복으로 엄마를 찌를지도 모른다고 걱정한다. 시드와 덴버는 배가 고파

현기증이 나고, 정서적 갈등으로 피곤해진다. 덴버는 할머니의 교훈과 지혜에 고무되어 옛 선생님인 레이디 존스에게 도움을 청하러 간다. 덴버는 자선을 거부하며 일을 하겠다고 고집을 부린다. 레이디 존스를 통해 덴버는 이웃 여성들의 관대함을 최대한 이용하는데, 이들은 굶주린 세 사람에게 정기적으로 음식을 제공한다.

덴버의 가정생활은 빌러비드가 살이 찌고 "비다! 비다!"라고 소리치며 자기 목을 쥐어뜯는 등 절망에 빠지면서 더욱 악화된다. 빌러비드가 엄마에게 복수를 하면서 시드의 정신건강은 더욱 나빠진다. 한편 덴버는 엄마와 언니에게 요리사, 세탁부, 간호사 노릇을 한다. 넬슨 로드의 제안에 따라 덴버는 보드윈 집에서 일거리를 찾는다.

덴버는 보드윈네 하인 제이니 왜건에게 124번지에서 벌어지는 진실―엄마의 실성, 방문객 '사촌', 그리고 자기에겐 일자리가 필요하다는 것―에 대해 고백한다. 제이니는 그 사촌은 유령이라고 추정하고 이 소식을 동네에 퍼뜨린다. 연로한 보드윈 부부의 야간 간호를 맡기로 한 금요일 오후 3시, 30명의 여자들이 덴버가 에드워드 보드윈의 도착을 기다리는 동안 124번지에 접근한다. 여자들은 순진한 보드윈이 마차를 타고 들어올 때 뜰 옆에서 기도하고 찬송하기 시작한다.





등장인물들은 자신들이 살아온 과거의 정서적 불구자들이다. 시드와 덴버는 특히 자신들 역사의 장애인이다. 노예제가 끼친 정신적 · 영적 상처는 아직도 생생하며 치유가 허용되지 않았다. 시드는 스위트 홈의 경험에서 생긴 분노와 폭력 의식을 극복할 수 없으며 딸의 죽음에 대한 죄의식을 해소할 수도 없다. 한편, 덴버는 노예로 산 적이 없지만 엄마의 경험이 빚은 결과로 고통을 겪는다. 덴버는 엄마가 빌러비드를 죽이고 자기도 죽이려 했던 사실을 알고는 성장이 멈춰버린다. 그 엄청난 발견으로 인해 덴버는 지역사회를 떠나 보호막은 되지만 불완전한 124번지의 세계에 틀어박히게 된다.

124번지에 빌러비드가 오면서부터 시드와 덴버는 정상적인 생활을 못하게 하는 바로 그 유령의 화신과 맞닥뜨렸다. 빌러비드는 시드가 죽인 아기 혼령의 화신일 뿐만 아니라 시드와 덴버가 결코 도피할 수 없었던 과거의 모든 고통과 고난이다. 처음에 그들은 빌러비드와 그녀가 보여주는 것에 매혹되었지만, 모리슨은 자신의 삶을 과거에 맞춘다는 것이 얼마나 파괴적인지를 보여준다. 빌러비드는 그들이 자기에게 매료되면서 더 강해지고, 시드와 덴버의 삶은 혼돈과 아사 직전으로까지 빠져든다.

**인물탐색** 덴버가 '이 세상의 주변에서 벗어나' 도움을 찾기 위해 집을 떠날 필요가 있다고 인식한 것은 자신을 마비시키는 과거의 세계에서 자유로운 현재로 진입하는 움직임의 시초를 의미한다. 이러한 단계를 밟음으로써 덴버는 흑인 사회에 다시 진입하고 성숙한 여자의 모습을 갖춘다. 그녀는 흑인 사회의 다른 구성원과 관계를 맺을 때마다 엄마와 빌러비드의 불건전한 사랑에서 더욱 멀어지고, 가능성 많은 삶으로 점점 깊이 들어가면서, 독서법을 배우고, 일자리를 얻고, 처음으로 남자에게 끌리는 경험을 한다.

노예제로 인해 어려움이 끊이지 않는다는 포괄적 주제를 계속 이어가며 레이디 존스는 혼혈아를 정형화한다. "회색 눈빛에 노란 양털 같은 머리카락, 그 머리카락 한 올 한 올을 그녀는 증오했다." 아이들을 이타적으로 사랑하는 그녀는 자신의 고립, 과부신세, 그리고 시력저하를 뛰어넘기 위해 모성애를 발휘한다. 그녀는 덴버의 욕구를 인식하고 사랑으로 감싸준다. 레이디 존스는 블루스톤 가 124번지의 상황을 본능적으로 평가하기 때문에 '쌀, 달걀 네 개와 홍차'를 덴버와 나눈다.

레이디 존스의 자선세례는 모든 노예출신들이 노예상태에서 겪었던 고통에 대해 부분적인 보상역할을 한다. 모리슨은 베이비 석스, 엘라, 스탬프 페이드, 폴 디를 괴롭힌 고통을 묘사한다. "백인들은 너의 모든 것을 자기들 생각대로 할 수 있었어. 그냥 괴롭히고 죽이고 사지를 자르는 게 아니라 더럽혔지. 너무나 끔찍하게 더럽혀서 다시는 자기를 사랑할 수 없게 만들었어. 너무나 끔찍하게 더럽혀서 자기가 누구였는지도 잊어버리고 생각해낼 수도 없게 만들어버렸지."

레이디 존스를 처음 방문하고 이어서 흑인 사회의 다른 여성들을 방문한 덴버는 흑인 사회와 자기 가족 간의 관계를 재설정한다. 덴버의 이야기는 제이니 왜건에게는 들을 만한 한담이며, 다른 사람들에게는 복음이고, 또 다른 사람들에게는 소설이다. 엘라가 볼 때 가족들이 자기 피붙이를 '그냥 느닷없이 죽인다'는 것은 있을 수 없는 일이다. 124번지의 상황에 대해 사람들이 어떻게 생각하건 그들은 다른 방법으로 도우려고 할 만큼 충분히 그 가족들과 연대감을 느낀다. 어떤 사람들은 그저 음식만 제공하고, 어떤 사람들은 자기들이 나서서 빌러비드의 유령을 그 집에서 내쫓아야 한다고 결정한다. 이러한 결정은 시드를 멀리하고, 그녀의 지나친 자부심을 벌하려던 그들의 마음가짐을 오랜만에 번복한 것을 뜻한다.

시드가 보드윈을 죽이려고 하는 이 장의 마지막 장면은 학교선생이 시드와 자녀들을 잡으려고 124번지에 왔던 장면의 반복처럼 보인다. 하지만 먼저 사건이 한 가족과 흑인 사회에서의 그 가족의 위치를 파괴한 반면, 이번 상황은 치유와 재통합을 가져온다. 이 장면에서 흑인 사회의 구성원들은 노예사냥꾼이 시드를 잡으러 왔을 때와는 달리 외면하지 않고 도움을 주러 온 것이다. 이밖에 이번에 시드의 아이를 데리러 오는 그 백인은 해치려는 것이 아니라 돕기 위해 오는 것이다. 시드는 여기서 빌러비드를 또다시 희생시키려 하기보다는 위협 자체를 없애기로 마음먹는다.

시드는 빌러비드를 현관에 두고 덴버가 바짝 따라오고 있는 가운데 한 무리의 여인들 속으로 달려간다. 빌러비드는

채찍을 든 백인으로 어두워지는 '무너져 내리는 흑인들의 언덕'으로 시드와 덴버가 사라지는 것을 바라본다. 이러한 이미지는 분명 노예제의 그것, 즉 주인의 채찍에 신음하는 엄청난 수의 흑인들이다. 시드와 덴버는 이러한 이미지에 뒤섞인다. 그들은 다른 아프리카계 미국인들과 마찬가지로 노예제의 갖가지 문제들을 피할 수 없다. 하지만 우리가 이 장을 통해 덴버와 함께 보았듯이 과거에 핍박과 고통을 받았다고 해서 새 삶을 살 수 없다는 뜻은 아니다.

유복한 백인 신사 보드윈은 노예제에 맞서 싸울 정도로 노예제의 공포를 함께 나눈다. 폴 디, 스탬프 페이드, 엘라, 레이디 존스, 시드의 경우처럼 노예시대의 잔혹성이 보드윈과 퀘이커교도들을 이 투쟁대열에 끌어들인 것이다. 보드윈의 호의는 그의 집 세입자인 시드가 아이를 죽이자 동네의 수치가 되고 말았다. 시드가 감옥에 갇히자 눈치 빠른 퀘이커교도들은 영아살해와 만행의 외침소리를 국면전환용으로 이용해 노예제 폐지 주장을 가일층 강화하는 데 성공했다.

# Chapter 27



## 사라진 빌러비드

늙은 개 히어 보이가 돌아온 것은 빌러비드의 124번지 체류가 끝나는 신호다. 어떤 목격자들은 빌러비드가 바로 코앞에서 폭발했다고 단언한다. 폴 디는 먼저 오두막으로, 그 다음에는 보드윈이 자기 누이의 지시에 따라 팔려고 하는 집으로 돌아온다. 스탬프 페이드가 시드의 공격에 대해 다시 말하고, 엘라가 또 다른 살인을 현명하게 막았다는 이야기는 현관에서 사라진 신비롭고 배가 불룩한 벌거숭이 흑인 여자에 대한 동네 사람들의 호기심에 비하면 약과다.

폴 디는 일터로 가다가 보드윈의 집을 떠나 일자리를 얻으려고 셔츠 공장 쪽으로 가는 덴버 곁을 지나간다. 폴 디가 기억하는 것보다 더욱 자신에 차고 현명하고 성숙해진 덴버는 빌러비드의 정체에 대한 질문에 답변을 하지 못하고 폴 디의 추측을 비껴간다. 다시 124번지 문 안에서 그는 '리본, 나비넥타이, 꽃다발'이 섞여 있는 것을 본다. 그는 시드가 거실에서 흥얼거리는 소리를 듣고는 그녀가 심각한 혼돈에 빠져 있으며 스위트 홈을 위해 잉크를 만들던 날을 생각하고 있다는 것을 알게 된다.

폴 디는 시드에게 털고 일어나서 인생을 추스르라고 격려한다. 그는 시드에게 목욕도 하고 발마시지도 하면서 베이비 석스가 황혼기에 경험했던 그런 움츠림은 피하라고 강력히 권한다. 그는 그녀의 고뇌를 경청하고 '마치 아기의 기분을 맞춰주는 아기딸랑이들처럼 허공에 두 발을 구부리고 있는 세 개의 마법지팡이 모양의 목 장식'을 대수롭지 않게 여겼던 그녀의 배려를 기억한다. 시드는 스위트 홈에서의 그 마지막 날에 폴 디의 손상된 남성다움을 지켜주었고, 폴 디는 그 보답으로 시드가 가치 있는 여자임을 단언함으로써 시드의 자존심을 다시 세워준다.




**문학적 장치** 저승에 있는 동안 다리 밑에서 살아 물 이미지와 연결되어 있는 빌러비드는 소유욕에 넘치는 감정의 파고로 폴 디를 삼켜버린다. 그는 오두막으로 돌아와 폐가 공기 흡입을 막을 수 없는 것과 마찬가지로 제어할 수 없는 '살아 있는 굶주림'에 자신이 삼켜버려지는 무기력함을 다시 체험한다. 그 엄청난 격정이 지나간 후 그는 그들의 짝짓기는 '재미조차 없었다'는 것을 깨닫는다. 그는 뭍으로 올라온 물고기처럼 '한때 그가 있었던 바닷속 깊은 곳'에서 안전하게 돌아와 '해변에 누워 공기를 게걸스럽게 들이마시고' 있었다. 태어나기 전의 경험을 재생하는 듯 그는 빌러비드로부터 풀려난 것을 일종의 탄생으로 본다.

여성/물의 이미지는 폴 디의 전시(戰時) 경험으로 교묘하게 단절 없이 이행된다. 그는 대지를 유방으로 인식했으며, '먹을 것을 찾으려고 손가락으로 흙을 팠고, 둑에 달라붙어 물을 핥아 마시면서도 그것을 사랑하지 않으려 했다.' 남군의 한 시신 수습분대에서 일하다가 이어 주물공장에서 일한 그는 셀마에서 모빌에 이르기까지 앨라배마 주를 떠돌아다녔고, 그 후 작은 배를 타고 모빌 베이에서 북군의 포함(砲艦)으로 가서 이 배를 타고 웨스트버지니아의 휠링에 당도했다. 그는 혼자서 뉴저지 주의 트렌튼으로 갔으며, 그곳에서 7년간 지내다가 서쪽의 남부 오하이오와 시드가 있는 쪽으로 이동했다.

폴 디와는 대조적으로 시드는 여자라는 속박 때문에 자신을 위험하게도 죽음으로 내몬다. 그녀의 몸은 쇠잔했고, 의지는 고갈되었으며, 네 자녀들을 먹였던 젖은 상징적으로 말라붙었다. 몸은 지쳤지만 자기 여자에게 돌아온 것에 감사하는 폴 디는 식소가 했던 사랑의 정의를 기억해낸다. "나는 조각조각인데, 그녀가 그 조각들을 모아 올바른 순서로 내게 되돌려준다." 감동적인 역할반전으로 폴 디는 시드의 몸과 정신을 어루만져주는 일을 맡는다. 시드는 폴 디에게 기대어 자신이 당한 충격적인 상실에 대해 고백한다. "그 애가 내겐 가장 귀했어요." 참을성 있고, 어머니 같고, 예수 같은 폴 디는 심금을 울리는 적절한 조언을 한다. "당신에겐 당신이 가장 귀해, 시드. 귀한 건 당신이야."

# Chapter 28



## 서서히 치유되는 시드와 덴버

빌러디드는 무(無)로 분해되어 시드에게 완전함으로 이르는 길을 열어준다. 수다쟁이들도 시간이 지나면서 그녀를 잊는다. 시드와 덴버는 앙심에 찼던 지칠 줄 모르는 유령과의 처절한 싸움으로부터 서서히 치유된다. 옷자락 스치는 소리가 나면 가족들은 때때로 빌러비드가 124번지에 머물던 때를 상기한다. 시냇가에 발자국들이 생겼다 사라진다. 바람이나 봄의 해동처럼 빌러비드는 결국 '해체되고 소재불명'이 된다.



유령을 이용하는 방식을 공포소설의 기원을 훨씬 능가하는 수준까지 끌고 간 모리슨은 당연하고도 만족스러운 평화로 이야기를 끝맺는다. 빌러비드의 동경 중 일부, 특히 그녀가 개성 ― 형성단계에서 잘려버렸던 ― 이 없음을 말해 주는 '그녀에게 필요했던 물 속의 얼굴'은 먼 얘기로 남는다. 이웃들은 상스러운 잡담은 하지 않고, 블루스톤 가에는 화합이 찾아온다. 사악한 제3자에 의해 더 이상 갇혀 있지 않은 시드와 덴버는 계절의 율동에 빠져든다. 시간을 상징하는 뒤뜰의 시내, 여성, 더 나아가 모든 생명이 계속 흐른다. 무덤으로 돌아간 빌러비드가 더 이상 엄마의 입맞춤을 극성스럽게 요구하지 않기 때문에 유령의 발자국들은 자연 속으로 멀어져간다.

인물분석
노트

**o** 시드

　　강철 같은 의지와 눈을 지닌 시드는 죽은 딸의 유령뿐만 아니라 노예생활의 기억 때문에 괴로워한다. 그녀는 학교 선생의 조카들에게 당한 폭행으로 상처를 받았지만 대부분의 백인들이 자신을 동물에 불과한 존재로 본다는 것을 알고 더욱 깊이 상심한다. 그녀는 자유를 찾고 자식들에게도 자유로운 삶을 살게 해주겠다는 결심을 통해 자신의 인간성을 주장한다. 그녀가 스위트 홈에서 탈출한 것은 불가능한 상황을 극복하는 의지력을 보여주며, 자녀들이 노예가 되는 것을 막기 위해 취하게 될 필사적인 행동을 예시한다.

　　시드의 내적 투쟁의 상당 부분은 또한 자기 어머니와의 모호한 관계에서 나온다. 어머니는 오랜 시간을 일했기 때문에 시드는 어머니의 존재를 거의 알지 못했다. 하지만 낸을 통해서 자신이 사랑의 결합으로 태어났다는 것을 알고 있다. 어머니의 모든 자녀들 중에서 시드에게는 유일하게 이름이 주어졌고, 살도록 허용되었다. 이러한 앎을 통해 그녀가 얻게 될 안락감은 엄마가 도망가려다 붙잡혀 교수형에 처해졌다는 생각에 미치자 약화된다. 만약 엄마가 정말 탈출을 하려고 했다면 그 과정에서 자기를 버린 것이다. 이러한 유기에는 두 가지 측면이 있다. 하나는 어머니가 단 한 사람의 친척도 남기지 않고 그녀를 떠났을 뿐 아니라 시드를 직접 노예제의 공포에 직면하게 만들었다는 점이다.

어머니의 유기는 시드에게 깊은 영향을 미쳤고 그녀가 어머니가 되어 선택한 행동을 설명하는 데 도움이 된다. 똑같은 일을 절대 자기 자식들에게는 되풀이하지 않겠다는 시드의 결의에 주목하자. 그녀는 그들이 오하이오 주로 갔을 때 어미 없이 자식들을 남겨두기를 거부하며 목숨을 걸고 그들에게로 다가간다. 시드는 자녀들이 다시 노예가 될 수도 있다는 현실에 직면하자 자식들에게 자신이 겪은 경험의 일부라도 맛보게 하느니 차라리 죽음을 통해 그들을 자유롭게 하는 길을 택한다. 시드가 볼 때 노예제로부터 구하기 위해 자식들을 죽이는 것은 어머니의 극진한 사랑 표현이다.

## ○ 빌러비드

빌러비드의 정체에 관해서는 논쟁이 있다. 어떤 비평가들은 시드가 살해한 딸의 유령이라고 주장하고, 어떤 비평가들은 정신적으로 불안한 여자라고 주장한다. 하지만 빌러비드라는 인물에 대한 가장 흔한 해석은 그녀가 시드의 죽은 아이의 유령이며, 덴버가 주목하듯이 '그 이상의 무엇'이라는 것이다. 그 이상의 무엇은 아프리카의 자기 집에서 잡혀 노예선의 비좁고 비위생적인 선창 속에서 아메리카로 끌려온 모든 이름 없는 노예들의 집단유령이다. 이러한 해석에 대한 근거는 22장에 나온 빌러비드의 의식의 흐름에 대한 설화에서 찾을 수

있다. 이 장에서 빌러비드는 사람들이 붐비고 갈증으로 죽어
가는 더운 곳에서 웅크리고 있던 것을 기억한다.

　시드의 어머니는 아프리카에서 왔기 때문에 빌러비드
가 기억하는 경험은 또한 시드 어머니의 경험이기도 하다. 어
느 의미에서 빌러비드는 시드의 딸인 동시에 어머니이기도 하
다. 빌러비드는 초자연적이며 복수의 혼령을 나타내기 때문에
모리슨은 개인으로서의 그녀의 역할을 발전시키지 않는다. 빌
러비드는 인간이라기보다는 시드, 덴버, 폴 디를 특정한 방식
으로 행동하도록 강제하는 하나의 힘으로 작용한다. 빌러비드
는 시드의 경험과 행동을 통해 자신을 정의하며, 처음에는 엄
마 시드에게 살아온 얘기를 해달라고 거듭 졸라 과거에 대처
하도록 돕는 다소 긍정적인 힘으로 작용한다. 하지만 결국 빌
러비드의 욕구는 감당할 수 없게 되고, 시드에 대한 집착도 파
괴적이 되고 만다.

　모리슨이 이 책을 '6천만 명 이상'에게 바친다고 한 점
에 주목하자. 이 숫자는 노예제를 통해 죽은 흑인들을 추산한
수치다. 빌러비드는 시드의 이름 없는 아이를 나타내지만 또
한 죽고 잊혀진 무명의 흑인 노예들을 의미한다. 이 책을 통해
모리슨은 그들 역시 소중하다는 점을 말하고 있다.

## ○ 덴버

　덴버는 이 소설에서 가장 긍정적인 성장을 경험하며 아

프리카계 미국인들의 미래의 희망을 나타낸다. 시드는 덴버를 불사신의 아이라고 평하는데, 사실 덴버는 살기 불가능했던 상황에서 살아남은 것 같다. 하지만 신체적 생존은 충분하지 않다. 덴버는 아이로서의 지능과 장래성을 보여주지만 순진무구함은 엄마 시드가 빌러비드에게 한 행동과 자기에게도 하려 했던 행위를 알게 되면서 파괴된다.

덴버는 오빠들과 할머니를 잃고, 점점 더 고립되고 자기중심적이 된다. 젊은 여성이지만 태도는 여전히 매우 어린 애 같다. 예를 들어, 폴 디가 돌아와서 그녀 애기만을 듣고 싶다고 할 때 무례하게 행동한다. 초기 덴버의 미성숙은 과거에서 벗어나지 못하는 시드가 딸들을 또한 어떻게 가둬놓았는지를 보여준다. 빌러비드는 죽고 영원히 아이로 남아 집안을 배회하고, 덴버는 집 밖으로 나가려는 모험은 결코 하지 않는 어린애로 살아간다.

빌러비드가 124번지에 도착한 것은 덴버에게 변화가 시작됨을 나타낸다. 마침내 그녀는 자기가 헌신할 수 있는 사람, 즉 사랑할 사람을 갖게 된 것이다. 빌러비드가 도착한 후, 게을렀던 덴버가 얼마나 부지런해지는지 주목하자. 빌러비드가 서서히 집안을 장악하고 시드를 약화시키자 덴버는 가족의 생존이 자기 어깨에 달려있다는 점을 인식한다. 덴버는 드디어 엄마 시드의 세계에서 벗어나 외부세계로 나가 자기 삶을 살 수 있게 된다. 소설의 종반부에 이르러 덴버는 보다 큰 공동체의 일원이 되고, 사랑과 가족이라는 미래가 기다리는 성숙한 여인이 된다.

## ○ 베이비 석스

베이비 석스는 시드와 덴버에게 어머니상과 매사를 안정시키는 힘의 역할을 한다. 자칭 목사인 베이버 석스는 자연의 아름다움을 이용해 예전 노예사회 역시 자신들의 아름다운 시절이었음을 인식하게 만든다. 그녀는 시드를 포함해 노예제로 상처받은 사람들에게 정신적 양식이 되고 아픔을 치유해 주는 존재가 된다.

베이비 석스는 흑인 사회가 그녀를 배반하고 학교선생의 접근에 대해 자기나 시드에게 미리 경고해 주지 않았을 때 사람들에 대한 신뢰를 버린다. 그녀는 지역사회에서 물러나 색깔과 관조의 내부세계로 들어간다. 시드 역시 마을 주민들과의 관계가 장기간 소원해진다. 하지만 베이비 석스의 영향력은 매우 중요해서 그녀의 위엄은 죽은 뒤에도 느껴진다. 그 영향력은 빌러비드의 유령처럼 따라다니며 괴롭히는 식이 아니라 그녀의 말과 태도가 그녀를 사랑했던 사람들의 마음속에 남아 그들을 강하게 만들어주는 역할을 한다. 그녀의 위엄은 죽은 지 수년 후에도 시드를 위로해 주고, 또한 덴버가 집을 나가서 도움을 구하도록 고무한다.

## ○ 폴 디

친절하고 명상적인 폴 디의 기억은 충격적인 면에서 시드의 그것에 뒤지지 않는다. 하지만 시드의 과거가 계속 그녀를 지배하는 반면에 폴 디는 자신의 과거를 넘어 희망찬 미래를 구상하기 시작한다. 시드의 인생으로 들어온 그는 그녀와 덴버에게 더욱 행복한 미래가 안겨질 수 있는 가능성을 나타낸다.

그는 시드의 과거에서 왔고 시드를 괴롭히는 경험의 일부를 공유하기 때문에 그녀는 폴 디에게 마음의 문을 열 수 있으며, 자신의 아픈 기억들이 짓누르는 부담을 함께 나누면서 위안을 찾는다. 시드는 폴 디와 함께 찾는 행복에 끌리지만 빌러비드가 나타나 그가 의도하는 쪽으로 향하는 것을 막는다. 현명하고 명민한 폴 디는 빌러비드의 존재로 인한 위험을 인식하지만 손을 쓸 수 없다. 그가 할 수 있는 일이라곤 시드에게 그녀 자신과 자녀들에 대한 꿈을 가지라고 독려하는 것이다. 결국 빌러비드가 떠난 후 폴 디는 다시금 시드에게 보다 밝은 미래의 가능성을 열어주고, 그녀가 자신을 사랑할 수 있게 도와주는 치유의 힘이 될 것이다.

## ○ 학교선생

극악한 인물인 학교선생은 초연하고 치밀한 잔인성으

로 무서운 존재다. '지식'추구는 특히 우려할 수준이다. 왜냐
하면 그것은 쉽게 살인의 정당화를 가져오는 인종차별주의
에 대한 정당성을 증명하기 때문이다. 노예란 동물에 불과하
다는 그의 신조는 제2차 세계대전 중 유태인이 겪은 비인간적
대접을 생각나게 한다. 빌러비드처럼 학교선생도 성숙한 인물
이 아니다. 그보다는 다른 사람들의 불행을 정당화하고, 사회
문제의 한 해결책으로 살인을 지지하는 인간들 마음속에 있는
악의 표상이다.

# 마무리 노트

## 형식

　　고도로 세련되고 의식의 흐름을 강렬하게 불러내는 〈빌러비드〉는 동시에 호머만큼 오래되고, 〈제인 에어 *Jane Eyre*〉와 〈폭풍의 언덕 *Wuthering Heights*〉만큼이나 무섭고, 마커스 아우렐리우스의 〈명상록 *Meditations*〉만큼이나 철학적이고, 성서만큼 친숙하다. 모리슨은 지루하거나 현학적이지 않으면서 많은 전통을 혼합한다.

● 시드가 오하이오 주의 남부 주변에 있는 켄터키에서부터 강을 건너 스위트 홈에서 베이비 석스의 집으로 가게 되는 **탈주여정**. 상처받은 잔등, 부은 발, 조산한 아기로 인해 힘들어진 여행은 시드를 자유와 가장 소중한 보상인 진정한 가정생활로 인도하는 정신적 여행과는 비교가 되지 않는다. 전형적인 남성의 방식으로 폴 디는 자기 길을 가고 의도적으로 우회해 동일한 지점에 이른다. 시드와 재결합한 그는 마침내 베이비 석스가 자신의 추종자들에게 요구한, 몸을 아끼고 긍지를 가지라는 양육자의 역할을 할 수 있게 된다.

● 어른의 힘에 대한 시드의 깨달음과 유사하게 덴버의 성장이 결합되는 **성숙**. 계속되는 바다의 파도처럼 베이비 석스는 인생살이에 피로를 느끼고 가사를 시드에게 맡기는데, 이번에는 시드가 무너지고 침대에 누워 권한을 덴버에게 이양한다. 노예제로 성장이 저지된 이 여자들은 각자 불완전한 안내서를

갖고 낯선 길을 밟는다. 베이비 석스는 아프리카에서 잡혀 노예선에 강제로 실렸다. 시드도 마찬가지로 엄마의 품에서 탈취되어 한쪽 팔이 불구인 유모에게 안겨졌다. 여자 희생자들의 사슬에서 다음 차례인 덴버는 안정감과 자존심이 없지만 빌러비드가 자신이 동경해왔던 언니라는 것을 본능적으로 안다. 레이디 존스, 엘라, 제이니 왜건, 팻시에 의해 되풀이되는 세 여인에 대한 동경은 개인의 성숙을 시대적 성숙으로 확대한다. 이때 양성(兩性)의 인간들은 인간으로서 그들의 정당한 유산을 깨닫는다.

● **은총**이란 주제, 즉 얻을 필요는 없지만 산상수훈<sup>*</sup>에서 말한 예수의 팔복처럼 인간환경에 흔한 고통에 감동받는 자비로운 마음에서 쏟아질 수 있는 축복. 블루스톤에 등장하는 각 인물은 상처, 수모, 수치라는 짐을 지고 있다. 어떤 이유에서건 각자 작은 선물을 내놓으면서 노예제의 복잡한 사회적 환경에 부응한다. 어떤 사람은 시드의 고문당한 몸을 감싸주고, 어떤 사람은 요리냄비에 대고 눈물을 흘리고, 또 다른 사람은 아기를 돌봐준다. 일련의 조력자들은 종이쪽지에 자기 이름이 표시된 변변치 못한 음식꾸러미를 남겨놓고 간다. 아기 예수에게 어린 양을 바치는 목동들처럼 마음씨 좋은 흑인 사회는 빈

---

* **산상수훈**: 예수의 선교활동 초기에 갈릴리의 작은 산 위에서 제자들과 군중에게 행한 설교. '성서 중 성서'로 일컬어지며 그리스도교 신자들에게 가장 중요한 '주기도'도 이 산상수훈에서 연유한다.

약한 비축물을 함께 나눈다.

● **상징적인 치유의 애무**. 의례적으로 병자들을 손으로 접촉한 중세 왕들의 전통을 상기시키는 관습이다. 축복의 접촉은 이 소설 곳곳에 배어 있다. 에이미의 부드러운 마사지와 시드의 발을 감을 임시변통의 붕대에서부터 베이비 석스가 따뜻하고 꼼꼼하게 시드의 몸을 사분원(四分圓)으로 나누어 씻겨주는 것, 시드의 나무 같은 섬뜩한 흉터를 폴 디가 축복한 것에서부터 시드의 침대 곁으로 다정스럽게 다가가 그녀의 발에 연고를 발라주고, 예전에도 강한 여자였지만 여전히 강할 수 있는 여자라고 믿는 것 등등. 수많은 젖가슴 이미지를 사용해 여성에 초점이 맞춰지는데, 이러한 이미지는 어떤 대가를 치르더라도 젖먹이를 건강하고 온전하고 안전한 아기로 키우려는 엄마의 의지와 관련이 있다. 마찬가지 이유에서 베이비 석스는 숲 속의 공터에서 했던 자신의 축소판 산상수훈에 모인 신도들에게 영적인 애무를 해준다. 그녀는 그들에게 자신의 육체를 사랑하라고 촉구함으로써 그들 자신의 가치의식을 회복시킨다. 사실 그들의 육체는 너무나 무시되어 폴 디처럼 자신들을 금전적인 가치의 측면에서만 바라보았다.

● **자연의 상징적 역할**. 덴버를 보호하는 일종의 성상 안치소가 되며 그녀를 베이비 석스—마음을 안정시키는 '부모'로서, 그녀의 타계로 인해 덴버는 거친 바다에서 닻 없는 신세가 되고 만다—와 다시 연관을 맺도록 해준다. 심리적으로나 수사

학적으로 생명과 모성을 투영하는 물의 이미지들은 빌러비드의 묘에 희미하고 굽이치는 막을 형성한다. 공포의 덥고/춥고, 또렷하고/불분명한 모습들은 유령 아이가 엄마와 재결합하고 톱질 한 번으로 단축된 자신의 성장과정을 완성하려는 커다란 갈구를 나타낸다. 빌러비드가 아프리카에서 아메리카로 노예들을 태우고 가는 비참한 항해를 경험했다는 암시는 모든 흑인들이 물을 이용한 시도, 즉 유산된 영아들에 대한 부정(不淨)한 세례, 항해중 숨진 사람들을 수장한 것과 연관이 있음을 보여준다. 빌러비드의 임무는 여자들의 보상적인 사랑에 의해 끝이 난다. 이들은 시드가 정신착란을 일으켜 유모차를 끄는 또 다른 백인을 공격하는 것을 저지한다. 자신이 희생되었던 동일한 오두막에서 아기를 배어 배가 부른 빌러비드의 모습은 사라지고, 이어 지나가는 잡담, 목격담, 그리고 시냇가에서 발자국을 보았다는 얘기들로 그 모습이 다시 떠오른다. 그러나 블루스톤 가 124번지가 제자리를 찾은 것은 빌러비드가 다리를 건너 지상의 고통받은 사람들에게서 멀리 떨어진 그녀의 마지막 안식처로 다시 돌아갔음을 나타낸다.

● **붉은 심장**은 사랑, 열정, 신앙심의 상징이며 예수의 고통 받는 심장을 드러내는 전형적인 가톨릭교의 묘사를 상기시킨다. 폴 디가 시드의 집에 들어가자 '온통 붉고 굽이치는 빛'이 그를 반긴다. 남자의 자존심에서 보면 거처를 제공받는 것은 커다란 모험이다. 나중에 녹슨 통 안의 썩어가는 담배처럼 무너

진 그의 감정은 무조건적인 사랑을 재발견하고 그것이 득실 반반이라는 점을 알게 될 것이다. 결국 그는 감정을 정리하고 블루스톤 가 124번지의 여성들 사이에서 자기 위상을 세우기 위해 술과 추운 교회 지하실이 주는 일시적인 위안을 배격한다. 공교롭게도 시드의 무죄를 증명하고 그녀를 활기 있게 해주는 사람은 폴 디다.

● 그리스어로 **귀속의식** philos, **열정** eros, **자선** agape이라는 전통적 세 개념은 노예출신들이 자유의 땅에 도착하자마자 포용하는 귀속의식의 수준을 말해 준다. 피 흘리는 곳에서 탈노예 상태로 가는 강을 건넌 후 시드는 지역사회의 일원, 어머니, 며느리, 연인으로서 환영과 용인의 단계를 거친다. 그녀는 폴 디에게 잠자리를 같이 하자고 하면서 할리와의 끈을 느슨하게 놓는다. 하지만 그 세 개념은 빌러비드 유령이 열정과 자선 사이를 비집고 들어온 후 깨지기 쉬운 상태가 되고 만다. 빌러비드는 폴 디를 유혹한다. 스탬프 페이드는 시드의 살인행적을 폭로함으로써 폴 디와 시드의 결속을 약화시킨다. 결국 흑인 사회가 시드를 폭력에서 벗어나게 하고 다시 한 번 자매로 포용함에 따라 귀속의식이 승리한다. 그때 세 개념은 이번에는 제대로 균형을 이룬다. 자신의 광신적 영아살해죄를 사면 받은 시드는 자기 남자를 사랑하고, 성장한 딸을 받아들이고, 자부심과 동지애를 갖고 이웃들 사이를 지나 블루스톤 가를 걸어 내려갈 수 있다.

## 무대

　순환식 이야기체, '재기억', 그리고 구전의 역사를 통해 모리슨의 등장인물들은 조지아 주의 수용소에서 체로키족의 마을까지, 전원적인 켄터키 농장에서 오하이오 강 둑까지 일련의 폭넓은 무대에서 서로의 고통을 보여준다.

　시드의 탄생은 남부의 어느 한 농장에서 이루어진다. 그곳에서 그녀의 이름 없는 어머니는 아기(=영양)를 어르는 일단의 외가쪽 아주머니들과 노예들이 보는 가운데 축축한 들판에 구부리고 앉는다. 성숙해진 시드는 떨어져 나와 켄터키 재정착에 성공한다. 그곳에서 한 백인 여자의 부엌에서 일하고, 밤에는 자신의 오두막 더러운 마루 위 매트리스에서 쉰다. '머리 없는 신부'와 무성한 나무들(그 나무들 가운데 하나의 이름은 브라더)에서 사형(私刑)으로 죽은 젊은이들이 출몰하는 스위트 홈은 자연에 묻힌 그 자체의 독특한 아름다움을 지니고 있다. 특히 작은 옥수수밭에서 할리는 시드와 성관계를 가지면서 옥수수대들을 흔들어 놓고는 연인들 최초의 은밀한 데이트임을 자랑한다. 할리가 시드와의 결합을 기대했던 한 곳에서는 흩트러진 햇옥수수 열들이 가장자리에 싱싱한 음모가 붙은 파열된 처녀막으로 서서히 변화한다. 이런 이미지를 아낌없이 우아하게 발전시키면서 모리슨은 '아름답고 헐렁하고 자유분방한' 비단옷을 여전히 입고 있는 노예처녀의 젊음을 강조한다.

18년 후에 이 장면은 블루스톤 가 124번지와 헛간, 거실, 저장실, 옥외 변소, 냉장 헛간, 현관이 있는 원한 서린 잿빛 2층집으로 옮겨진다. 집은 비좁아서 문이 하나밖에 없다. 이 문을 통해 떠도는 흑인들은 안전가옥을 지나 판자길로 돌아가는데, 길을 따라가면 흩어진 가족들을 향한 곤혹스러운 방랑이 시작된다. 마당 앞을 지나면 들판과 원형 회양목, 그리고 숲 사이 빈터까지 닿을 수 있다. 빌러비드의 원한에 노출된 이 집은 마치 야외에서 스스로 버텨내야 하는 것처럼 보인다.

병약한 가너 부인과 '이끼 낀 이빨'들의 만행, 그리고 학교선생의 가학성 변태성욕과는 멀리 떨어진 신시내티에서 시드는 죽은 아기 유령과 아무 소득 없는 감정적 결투를 벌이는 자기학대에 빠진다. 이러한 감정싸움은 너무나 악의에 차서 집을 뿌리째 흔들고, 유리를 깨고, 탁자다리를 부러뜨린다. 오직 폴 디의 억센 손만이 빌러비드의 공격을 누그러뜨리고 시드를 잠시 평온하게 만든다.

세 명의 싸우는 여자들로 고통받는 한 채의 집을 지나치게 집중조명하는 긴장상태를 덜기 위해 모리슨은 묘한 기억을 불러일으키면서 옆길로 빠진다. 폴 디는 자신의 의도를 공개적으로 밝히기로 하고 두 여인을 향이 무르익은 늦장미들로 꾸며진 목재 야적장 옆의 사육제로 안내한다. 구경거리를 즐기는 사람들은 손을 맞잡은 세 가족의 그림자와 뚜렷이 대조

된다.

　　조금씩 나아지는 시드의 안정감을 빌러비드가 흔들어 놓으면서 보여주는 이후의 장면에서 모리슨은 신시내티의 냉철한 흑인 사회를 들여다보게 해준다. 교회 계단에서 스탬프 페이드에게 발견되는 폴 디는 햇볕을 쬐면서 앉아 황금색 마차가 그려진 병에 든 독주를 마시고 있다. 스탬프 페이드는 판자길을 따라 한 마부가 다가오는 것을 보자 재빨리 흑인은 백인 이방인과는 나눌 정보가 없다는 듯이 무식한 검둥이로 돌변한다.

　　여자들 또한 잠시 124번지의 숨 막히는 벽을 벗어나 얼음 위에서 얼음지치기를 한다. 이는 그들에게 일말의 기쁨을 주는 도피주의의 일단을 상징한다. 그들의 모험은 따뜻한 우유로 분위기를 살린 부엌의 대화장면으로 마무리된다. 소여의 음식점이 주는 달갑지 않은 위로보다 더욱 다감하고, 창녀들이 절박감에서 미소 짓고 대충 잘라 만든 나무벽에 기대고 서서 성교하는 도살장 마당보다 훨씬 더 사람을 끌어들이는 시드의 집은 비록 음울한 과거를 지녔지만 진정한 의미의 가정이다. 폴 디는 이 집의 환영을 받으며 2층으로 올라간다. 그러나 거만한 유령에게 휘둘리며 걸핏하면 싸우는 세 여자는 결국 폴 디를 오두막으로 내몰고, 덴버는 집 뒤의 원형 회양목 숲에서 늦은 사춘기의 은둔을 강요당한다.

　　이후 덴버는 절망에 빠져들게 되자 남편 없는 레이디

존스의 집으로 간다. 이 집의 '기둥과 목재 조각으로 만든 담장은 이제 흰색이 아닌 회색'이 되었으며 석재 현관에는 '창문에 엷은 유백색 커튼이 쳐져' 있다. 덴버는 자기를 환대하는 옛 스승의 집에서 나와 보드윈네 집의 보장된 일자리로 옮긴다. "두껍고, 부드럽고 파란 카펫. 빛나는 물건들로 가득한 유리상자. 테이블과 서가의 책들. 빛나는 금속 밑둥을 가진 진주처럼 하얀 전등들. 그리고 그녀가 에메랄드 집에 뿌린 콜론 향수 같은 냄새는 좋기만 했다." 단지 흑인 체류자들을 위한 안전가옥에 불과한 내부는 그 안의 작은 조각상―입 안에 동전들을 물고 있는 노예―과 덴버를 오벌린의 학생으로 만들려는 집 주인들의 바람 때문에 덴버와 그녀의 갱생희망을 저버린다. 그 어느 때보다 더 성숙해진 그녀는 셔츠 공장의 일자리, 병든 엄마를 위한 지원, 그리고 자기실현을 향해 떠난다.

## 주제

주제에서 지배적인 것은 악의 존재다. 만약 시드가 묘석 석공에게 10분만 더 시간을 허락했더라면 이름 앞에 '한없이'란 표현을 새기게 했을지도 모를 묘한 이름을 가진 빌러비드의 유령은 엎어진 구정물통, 볼기짝 때리는 소리, 확 불어오는 시큼한 냄새에서 그 존재를 느끼게 만든다. 이후 빌러비드는 실체가 있는 장난꾸러기 요정처럼 폴 디, 시드, 덴버가 사육제에서 돌아오는 그 목요일에 나무 밑에서 쉬고 있다. 그리고 얼마 되지 않아 빌러비드는 자신이 가족으로 여기기 시작한 두 여인에게서 폴 디를 멀어지게 함으로써 풍파를 일으킨다. 하지만 세 개의 튼튼한 다리와 아주 수선이 잘된 다리 하나로 서 있는 탁자처럼 이 가족은 겉으로는 일상을 지탱해나갈 만한 힘이 있는 것처럼 보인다.

모리슨의 표현을 빌면, 이 소설의 주된 주제는 "여성들이 다른 것—남편, 자녀들, 그 밖에 일처럼 그들의 인생에서 자신보다 더 크거나 나은 것—을 사랑하는 양육충동과 별개의 의무를 지닌 독립된 자기 사이에서 어떻게 타협하고 중재하느냐 하는 것이다." 시드가 노예제도와 자기 마음속에 있는 악과 대처할 때 그녀를 죄에 대한 망각, 수치와 광기에서 구해내는 것은 모성 자체다. 제대로 사랑받지 못한 유령이나 응석 부리고 보호받을 덴버가 없었더라면 시드는 '재기억'으로 만신창이가 되어 무너져버렸을지도 모른다. 그 대신 그녀는 자녀들에 대한 사랑에서 안식처를 찾고, 폴 디가 돌봐주겠다고 하면서 돌려보내준 자아를 "나? 나?" 하면서 받아들인다.

자녀들을 마치 돼지처럼 키우는 비인간적인 제도 하에서의 사랑은 인간 이하의 선택을 하게 만든다. 시드의 엄마와 같은 여인들에게 어떤 자식은 버려져야 하고, 배 밖으로 내던져져야 하고, 자궁에서 지워버려져야 한다. 엘라 같은 여인들에게 자연은 끔찍한 윤간의 결과인 '하얀 털북숭이' 안에 있는 빛을 꺼버리는 자비를 보이기도 한다. 베이비 석스에게 노예제는 자식들을 집어삼킨다. 누구는 팔고, 누구는 개의 추격을 받고, 누구는 채찍질을 당한다. 논이나 쪽밭으로 다시 내몰리는 흑인 노예여성들의 말라붙은 젖은 시들어가는 못 다한 모성을 상징하며, 시드에게는 매질과 유방 겁탈에서 살아남아 품위 있게 자신을 사랑하는 온전한 엄마가 될 수 있게 하는 갈구를 남긴다.

〈빌러비드〉에서 또 다른 의미 있는 주제는 역사다. 이 소설의 주요 등장인물들은 개인 역사와 민족의 역사로 괴로움을 겪는다. 빌러비드라는 인물은 과거가 어떻게 현재를 침범할 수 있는지를 의미하고, 역사의 물리적 표현을 대표하기도 한다. 시드가 자신의 과거와 부활한 딸에 대한 강박관념 때문에 정체성과 삶을 거의 잃어버리게 되면서 모리슨은 과거에의 집착이 얼마나 소모적이고 파괴적인지를 보여준다. 결국 시드는 자신에게 미래가 있음을 발견하고 인생을 되찾기 시작한다. 폴 디는 말한다. "시드… 나와 당신, 우린 누구보다 더 많은 어제를 가졌어. 우리에겐 어떤 형태든 내일이 필요해." 폴 디, 덴버, 그리고 흑인 사회가 지닌 사랑의 치유력에 힘입어 시드는 자기를 옭아맸던 끔찍한 과거를 손에서 놓는 것을 배우게 된다. 그녀는 자신이 가족과 만들어가는 미래를 통해 자신을 정의할 수 있음을 발견할지 모른다.

## 모티프

　　물의 이미지들이 풍부하다. 낸이 시드에게 그녀의 어머니가 물로 덮인 쪽밭을 건너는 것을 알려주는 것이나, 홍수가 났을 때 죄수들이 탈주하는 것, 아기 덴버가 힘을 주어 세상 밖으로 나오면서 시드의 자궁에서 양수가 터지는 것 등등. 여성 음부의 확대 복제판인 카누의 모양은 시드가 집착하려고 하는 한 아이의 탄생이 지닌 중요성을 강조한다. 빌러비드가 물에 흠뻑 젖은 채 오하이오 강변으로부터 걸어 나온 후 시드는 또다시 홍수를 경험한다. 이번에는 방광이 엄청나게 가득 차서 오줌을 지린 것이다. 후두염을 앓아 갈증이 난 빌러비드는 물을 네 잔이나 벌컥벌컥 마시고는 나흘간 잠을 자며 요에 오줌을 싸는데, 이를 덴버가 몰래 지르잡는다. 폴 디는 블루스톤 가 124번지에 도착하자마자 시드의 맨 다리에서 ‘반짝이는’ 것을 발견한다. 이것은 그녀가 스위트 홈에서 다섯 명의 호색한들 가운데 할리를 선택한 바로 그 날 그녀가 닦아낸 정액을 상징한다.

　　잠시 물은 세 여인을 지탱할 만큼 단단한 얼음이 되고, 그들은 셋이서, 또는 둘이서 얼음을 지치기도 한다. 깨지기 쉬운 세 가족처럼 이런 행복한 장면은 미끄러짐과 사고를 가져오고 예기치 않은 시드의 눈물로 이어진다. 그녀의 해결책은 생명수, 즉 엄마 시드가 목말라 하는 아이에게 젖을 물렸던 것처럼 자신들의 몸을 덥히려고 마시는 따뜻한 우유이다.

젖과 우유의 이미지들도 역시 자주 나온다. 첫 번째는 맴의 엄마 역할을 상기시킨다. 그녀는 부적절한 관계에서 태어난 이름 없는 자식을 버리고, 자기 젖가슴 아래의 연약한 살을 고리와 십자 모양으로 지진다. 마치 자기가 기르려고 작정한 아이를 고리로 감싸 안고 십자로 표시하는 것처럼. 이러한 이미지는 헛간에서 시드가 당한 추행의 아픔을 예고한다. 시드는 자신의 살이 찢긴 것보다는 아기에게 줘야 할 젖을 빼앗긴 것이 더 마음에 남는다.

폴 디는 시드에게, 그녀가 추행당하는 장면을 할리가 목격했으며, 그 후 그가 얼굴에 버터를 묻히고 있는 것을 보았다고 말한다. 시드는 할리의 행동을 아내가 모유를 빼앗긴 데 대한 절박한 반응으로 해석한다. 그 장면은 시드에게 자신의 탈주 이야기의 틈새를 메우며 부분적으로 할리가 왜 자기를 구할 수 없었고 가족과 재결합할 수 없었는지를 설명해 준다. 베이비 석스에게 할리는 더 이상 존재하지 않고, 다른 일곱 자식들과 죽은 것이다. 하지만 그의 빈자리는 며느리와 네 손자들로 채워진다. 그녀는 이들을 90인을 위한 큰 잔치로 환영한다. 이는 할리가 다락방의 은신처 아래 헛간에서 시드가 당하는 추행을 막지 못한 무력감을 깨닫는 순간 얼굴에 묻힌 버터만큼이나 기름진 음식대접이다. 이러한 음식은 노예제로 인해 받지 못했던 후한 대접과 노예해방 이후에도 벗어날 수 없었던 굶주림을 상징한다.

색깔은 베이비 석스의 말년을 밝히는 유일한 희망의 빛이다. 그녀는 특히 엷은 자주색과 오렌지색 사각 무늬를 간절히 원한다. 이 색깔들은 그녀나 다음 거주자인 빌러비드―그녀 역시 짙고 타오르는 색조에 이끌린다―에게 거실의 황량하고 우중충한 분위기를 누그러뜨려준다. 붉은 기가 도는 색은 빌러비드를 뜻한다. 그녀는 붉은 피에 잠겨 있고, 훨훨 나는 홍관조에 끌리며, 폴 디 안에 있는 은둔의 붉은 심장을 비틀어 연다. 블루스톤 가로 지정된 흑인 사회는 자연에서 형성되는 보석 사파이어와 같다. 잔모래 주위에서 서서히 진화하는 진주나 침울한 형태의 탄소에서 번쩍이는 결정체가 되는 다이아몬드처럼 안전가옥 블루스톤은 흑인들의 자유를 확연한 빛으로 채색한다.

금속 이미지들이 나타난다. 폴 디가 빌러비드의 출신지와 행선지에 관한 개인적인 질문으로 그녀를 꼬챙이에 꿸 때 작살처럼 움켜쥐는 칼 같은 것이 그것이다. 시드의 강철 같은 눈빛과 자기의 정신적 외상에 대해 할리와 애기할 수 없게 만드는 폴 디 입 속의 쇠재갈은 여성의 힘과 남성의 무력함이라는 이분법을 보여준다. 스위트 홈의 잔인성으로 인해 시드는 자신이 받는 모든 타격, 심지어 지극히 사랑하는 남편에 대한 존경심의 상실이란 문제에 직면해서도 꿈쩍하지 않는다. 폴 디의 경우에는 마치 짐 끄는 동물처럼 마구가 채워져 자기 입으로 자신의 남성상실을 토로하는 것조차 불가능하다.

이미지가 없다면 〈빌러비드〉는 독자들을 전율시키고 킥킥 웃게 만드는 데에만 적합한 속 빈 유령 이야기가 될 것이다. 얽히고 얽힌 세부묘사는 끊임없이 기억을 환기시키면서 소설의 뼈대를 지탱해 준다. 복합적인 의사소통 단계는 복합적인 과제를 수행한다.

- 그것들은 이야기를 해준다.
- 그것들은 노예제의 역사적 토대를 설명해 준다.
- 그것들은 속박과 고문의 비인간적인 영향을 폭로한다.
- 그것들은 무력감에 대해 남성과 여성이 보이는 반응의 차이를 규명한다.
- 그것들은 자애의 필요성을 묘사한다.
- 그것들은 의례적인 손 포개기, 즉 완전함을 회복시켜주는 치유의 손길로 이야기를 마무리한다.


## 전개양식

모리슨은 독자들의 기억을 환기시키는 세부묘사, 기억, 그리고 서정적인 해설을 뒤섞어서 흐르는 물처럼 독자를 이끌고 간다. 때로는 중요성이나 뉘앙스에 대해 깜깜하거나 반쯤 아는 정도에 불과하지만 유령과의 대화가 갖는 슬프면서도 뭔가를 기대하는 모습에 언제나 초점이 맞춰진다. 모리슨이 이야기를 풀어나가는 최면술적인 기법은 날짜, 사건, 동기 등 사실의 편린들과 함께 독자들도 끌어들여 마침내는 이야기가 화자의 진실, 반쪽 진실, 그리고 추측으로 인한 감춰진 의미에도 불구하고 더욱더 명료해진다.

모리슨이 소설에서 풀어놓는 정확한 세부묘사는 마치 그녀가 아주 어린 시절에 들었던 잡다한 얘기를 기억하는 것처럼 진실성이 담겨 있다. 예를 들면, 그녀는 식소가 팻시의 주인을 속이기 위해 팻시의 몸에 상처를 내는 모습을 설명한다. 식소는 팻시가 뱀에 물린 것처럼 보이게 하려고 장딴지를 찌르고, 팻시는 이 상처를 담뱃잎에서 벌레를 터는 작업시간에 지각한 구실로 써먹는다.


## 〈빌러비드〉의 여성들

모리슨의 여성들에게 성(性)은 여성성의 보답이자 부담이다. 그녀는 여자들에 대한 폴 디의 영향을 다음과 같이 설명한다.

강하고 현명한 여자들은 그를 만났고, 자기들끼리 나눈 이야기를 그에게 했다. 즉, 폐경기가 훨씬 지나서 그들의 욕구는 갑자기 열다섯 살 때보다 엄청나고, 게걸스럽고, 더욱 짐승 같아졌으며, 이로 인해 그들은 당황했고 슬퍼졌다. 그래서 죽음을 동경하게 되었고, 그것을 면하게 되는 잠은 깨어 있는 어느 날보다 더 소중했다.

모리슨의 후기 노예시대의 여성들에게 폐경은, 욕망의 부활이고, 죽음이 오기 전의 육체에 장애물이자 무차별적인 양육, 만족스럽지 못한 배우자, 그리고 엄마들이 작별인사를 하러 집에 돌아오기 전 팔려버린 자식들로부터의 당연한 휴식이다.

시드가 결코 제대로 알지 못했던 불가사의한 역할 모델이었던 엄마 맴은 처녀성, 사춘기, 처녀성 상실, 출산, 폐경, 죽음이라는 생명주기에서 제외된다. 노예들의 생활양식이 지닌 인위성에는 어느 단계에서든 생명을 잘라버리는 힘이 있다. 이는 스위트 홈의 아름다운 나무들에 목을 매는 남자들에게도 예외가 아니다.

여성들에게 출산의 고통은 자식들이 노예로 끌려가는 것을 볼 때, 그리고 노예농장 시스템의 동력인 끝없는 노예명부를 채우려고 자식들을 계속 낳을 수밖에 없는 현실을 깨닫게 될 때 더욱더 커진다.

시드와 잃어버린 딸 사이의 달콤 씁쓸한 사랑도 그 핵심이다. 이는 시드의 상처투성이 등에 너무 많은 부담이 되는 짐이다. 시드의 등은 이미 벚나무의 은유에 잘 나타나 있다. 시드는 대부분의 상황을 잘 처리한다. 히어 보이를 기절시키고, 부러진 다리를 교정해 주며, 눈동자를 다시 눈구멍에 집어넣어줄 수 있을 정도다. 한 여성이 성폭행, 매질, 갈증, 굶주림,

출산에서 살아남고도 계속 젖을 만들어낼 수 있다는 것을 과학적으로 설명하기는 거의 불가능하다. 모리슨은 시드의 결의에 찬사를 보내며, 그녀에게 이 모든 것과 그 이상을 이뤄내게 만든다. 벚나무에 사로잡힌 시드는 자기를 죽은 자식의 악몽의 포로로 만든 집을 비우기를 거부한다. 그녀는 자신이 지은 죄의 화신과 씨름해 휴전상태로 만든다. 그 싸움이 어찌나 강하고 끈질긴지 마당에 있는 유모차가 18년 전 학교선생의 기도를 좌절시킨 무서운 원한의 이미지를 부활시킨다.

카누에서 아기를 낳기 위해 숲 속을 기어갈 만큼 강한 여자가 덴버처럼 단호하고 총명한 아이를 낳으리라는 것은 당연하다. 논쟁을 즐기는 엄마보다 내성적이지만 영악한 덴버는, 엄마가 이제 더 이상 집의 여주인이 아닌 때가 바로 다음 세대가 과감히 판자길을 내려가 식량, 위안, 안정된 일자리를 찾아야 할 때라고 깨닫는다. 덴버보다 더욱 단호한 사람은 빌러비드다. 그녀는 18년 동안이나 한 가정을 공격하고, 두 건장한 오빠들을 내쫓고, 솔직한 엄마를 서서히 미치기 직전까지 몰고간 회오리바람이다. 이런 세 사람도 베이비 석스에게는 경의를 표한다. 석스의 사랑으로 모든 이웃 흑인들은 보호받았고, 그녀에 대한 기억은 그들 모두에게 위안이 되고 버팀목이 된다.

## 노예제에 대한 노트

오하이오 강의 피비린내 나는 장소가 무대인 스위트 홈의 생활은 스티븐 포스터의 〈켄터키 옛집 *Old Kentucky Home*〉의 지나치게 감상적인 기존형식을 모방한다. 가너 씨의 남자노예들에게 인생이란 규정된 행위규범을 벗어나면 속박, 갈망, 죽음이 기다리는 비참한 것이다. 가너 부인에게서 떨어져 나온 베이비 석스와 시드는 자기 가족들이 '탈주하고… 교수형에 처해지고… 임대되고, 차용당하고, 매점당하고, 되돌려지고, 저장되고, 저당잡히고, 구입되고, 도난당하고, 압수되는 것'을 목격하는 영원한 아픔을 알고 있다. 사랑하는 남자와 6년간 결혼생활을 하는 축복을 받은 시드에게 일상의 고된 일을 누그러뜨리는 유일한 장치는 은매화의 잔가지, 선모(엉거시과의 두해살이 풀), 노예생활의 비참함을 달래 주는 박하다. 하지만 죽어가는 배우자들과 사라지는 가족들의 환경에 너무 골몰한 베이비 석스에게 현실은 한 노예가 처한 진실을 말해 준다. "그녀의 자식들이 장기의 말들에 포함됐다고 해서 서양장기를 중단하는 사람은 아무도 없었다."

신시내티의 흑인들에게 노예제의 유산은 채찍이 닿지 않고, 경매대에서는 멀리, 개, 노예 사냥꾼, 순시원, 강간범, 아동 매매자, 쇠재갈, 갈래진 목쇠고랑들로부터는 한 세대를 떨어져 있다. 노예신분의 해악은 너무나 더럽혀져 더 이상 자신을 사랑할 수 없는 정신에 있다. 모리슨은 생존자들에게 경의를 표하기 위해 소설을 쓴다. 이들은 신흥 KKK단과 백인들의 여타 악의에 맞서 싸우고, 정신을 덮고 빛을 막아버리는 침적토 세례를 씻어버리는 용기와 결의가 있는 베이비 석스 같은 안전가옥 지킴이들이다. 신성한 베이비 석스는 자유의 몸이 된 노예가 구출해야 하는 신체 각 부분—손, 발, 목, 간—의 명칭을 대면서, 자신의 설교를 적절한 축복의 말로 마무리 한다. "이제 내 말을 들으세요. 생명을 감싸는 자궁과 생명을 주는 음부보다 더 여러분들의 마음을 사랑하세요. 왜냐하면 소중하기 때문이에요."

이 부분은 원서에 대한 이해력을 테스트하는 난입니다. 다음의 세 가지 코너를 차례로 끝내면, 〈빌러비드〉에 대한 포괄적이고 의미 있는 파악이 가능해질 것입니다.

## A  다음 질문에 짧게 답하시오.

1.  시드는 왜 "빌러비드"라는 단어를 자기 딸의 묘석에 새겼는가?

2.  베이비 석스는 어떻게 자유를 찾는가?

3.  어머니가 언니를 죽였다는 사실을 알게 될 때 덴버에게 어떤 일이 벌어지는가?

4. 가너 부인은 시드에게 결혼선물로 무엇을 주었는가?

5. 빌러비드의 목에는 무엇이 있는가?

6. 학교선생이 학생들에게 노예들의 특성이 뭔지 써넣으라고 한 난은 무엇인가?

7. 식소는 죽어가면서 왜 "세븐 – 오"를 외치는가?

8. 폴 디가 강제노동수용소에서 탈출할 때 첫 체류지는 어디인가?

9. 시드, 빌러비드, 그리고 자신이 굶을 때 덴버는 먼저 누구에게 가서 도움을 청하는가?

10. 빌러비드가 얘기하는 '피부 없는 남자들'은 누구인가?

모범답안:  1. 딸의 장례식 때 목사가 "한없이 사랑한 내 아기"라고 말한 것이 기억나서. 2. 할리가 수년간 일요일마다 스위트 홈에서 노동을 해서.  3. 2년 동안 귀가 먹는다.  4. 수정 귀고리  5. 시드가 톱으로 벤 상처  6. '인간'과 '동물'  7. 30마일의 여인이 식소의 아이를 배고 있었기 때문.  8. 체로키족의 캠프  9. 예전 그녀의 선생님인 레이디 존스  10. 백인들; 노예 소유주들

**B** **원작에서 다음 인용문을 찾아, 그 장면에 대해 설명하시오.**

1.  벨벳은 막 태어난 세상과 같아. 깨끗하고 새롭고 아주 부드럽지.

2. 난 내 아기들을 안고 안전한 곳에 놓았어.

3. 시드, 당신의 발은 두 개지 네 개가 아냐.

4. 내가 해야만 할 일은 침대에 들어가 눕는 거야. 난 이 세상에서 해롭
   지 않은 것을 택하고 싶어.

5. 그녀의 얼굴이 내 얼굴이야. 그리고 난 그녀의 얼굴이 있는 거기에서
   그 얼굴도 보고 싶어.

모범답안: 1. 에이미 덴버가 도망노예를 보살피고 자신이 노예상태에서 도망친 것을 생
각하면서 시드에게 하는 말. 2. 시드는 자신의 극단행동을 옹호하려고 이렇게 말하는데,
이러한 행동은 자기 자식들이 노예생활로 고통을 겪지 않도록 막기 위한 것이었다. 3.
폴 디가 빌러비드의 죽음에 관한 진실을 알고 나서 124번지를 떠나기 전에 시드에 게
하는 말. 4. 베이비 석스가 자신이 흑인 사회와 단절한 이유를 설명하는데, 흑인 사회
는 정말 어려울 때 그녀의 가족에게 등을 돌렸다. 5. 빌러비드가 시드와 함께 있고 싶
은 갈망을 나타내면서 하는 말.

**C**   **다음 주제에 대해 논술하시오.**

1. 〈빌러비드〉에서 노예 어머니들과 자녀들과의 관계를 설명하라. 이 관계는 노예제로 어떤 영향을 받는가? 자유에 의해서는?

2. 〈빌러비드〉에서 치유의 예들을 들어보라. 사람들은 육체적으로 어떻게 치유되는가? 정신적으로는?

3. 〈빌러비드〉에서 자연의 표상과 그것이 등장인물들의 기분이나 상황과 어떻게 부합하는지 논하라.

4. 〈빌러비드〉에서 백인들이 아프리카계 미국인들을 다룬 상이한 방식들을 설명하라. 아프리카계 미국인들은 이러한 취급에 대해 어떻게 대응하는가?

5. 시드는 빌러비드를 살해한 것을 어떻게 정당화하는가? 그녀의 행동에 대한 마을 사람들의 견해는? 그리고 폴 디의 견해는?

# 一以貫之

# 논술노트

노예 이야기는 과거의 비극일 뿐인가?  ○

실전 연습문제  ○

一以貫之는 '논어'에 나오는 말로 '모든 것을 하나의 이치로 꿴다'는 뜻입니다.

논술의 주제와 문제 유형, 제시문들은 참으로 다양하고 가지각색입니다. 그러나 그 모든 것을 하나로 꿸 수 있습니다. '인간사회의 보편적 문제들에 대한 근원적인 물음에 답하는 자기 나름의 견해'라는 것이지요. 논술은 인간이면 누구나 부딪히는 개인적 또는 사회적 문제들에 대한 자기 나름의 고민이자 성찰입니다. 논술은 자기견해, 자기 가치관, 자기 삶에 대한 솔직한 고백입니다.

一以貫之 논술연구모임은 '자신의 물음'과 '자신의 생각'을 갖고 '자신의 글'을 쓸 수 있도록 도와줍니다.

## 노예 이야기는 과거의 비극일 뿐인가?

### 1. 얼마나 많이 참아야 하나요?

흑인 얼굴이 신문에 날 때는, 듣기 좋은 이야기일 리가 절대로, 절대로 없기 때문이었다. 신문에서 흑인의 얼굴이 보이면 그 순간 공포가 심실(心室) 속을 철썩 스치고 지나가게 마련이었다. 건강한 아이를 낳았다거나 거리의 깡패들을 따돌렸다는 기사는 절대 날 리가 없었으니까. 아니, 살해당하고 사지가 잘리고 붙잡히고 화형되고 감옥에 갇히고 매질을 당하고 쫓겨나거나 발길질을 당하고 강간당하고 사기당한다 해도 신문에 나지 않았다. 어떤 신문도 기사거리라고 생각하지 않았으니까. 뭔가 비정상적인 것만이 신문에 났다. 백인들의 흥미를 끌 만한 것, 정말로 색다른 사건, 놀라 헉, 숨을 들이킬 정도는 아니더라도 몇 분 정도 이를 쯧쯧 차게 만들 만한 사건이라야 했다. 그리고 신시내티의 백인 시민들을 숨막히게 만들 만한 기사거리를 흑인이 제공하는 건 웬만큼 쉬운 일이 아니었을 터였다.

이 작품은 미국에서 실제로 발생했던 사건을 토대로 재구성한 이야기다. 소설의 배경인 당시 미국 사회의 노예제도와 인종차별이 얼마나 심각했던 문제였는지는 자신이 낳은 자식을 자기 손으로 죽여야 했던 한 어머니의 충격적 이야기를 통해 우리에게 전달된다.

노예제도에서 노예는 인간이 아니다. 노예 주인에게 노예라는 것은 '말하는 도구'였다. 도구를 사고파는 것이 자연스럽듯이 노예 또한 사고파는 것은 기본으로, 주인 마음 내키는 대로 언제든지 부수거나 버릴 수 있는 대상이었다. 노예제가 시행되던 미국에서 노예주와 노예는 백인과 흑인이라는 인종의 관계로도 대표된다. 대저택에서 여러 명의 흑인 노예가 주인님인 백인 가족을 위해 일하고, 땡볕이 내려쬐는 목화밭에서는 수많은 흑인 노예들이 노동을 하고 있다. 이런 노예제도는 미국의 남북전쟁을 통해 종식된다. 그러나 제도의 종식은 백인 이외의 인종에 대한 차별까지 자동 종식시키는 것은 결코 아니었다.


A-1)

"스탬프 영감님, 말 좀 해주세요." 폴 디의 눈이 흐려지며 번들거렸다. "이거 하나만 말해 주세요. 깜둥이는 얼마나 많이 참아야 하나요? 네, 얼마나?"

"참을 수 있을 만큼 참아야지." 스탬프 페이드가 말했다. "참을 수 있는 만큼."

"왜요? 왜요? 왜요? 왜요? 왜요?"


A-2)

수없이 죽어갔지만 끝내 고집을 꺾지 않았던 그 체로키 인디언들은 오클라호마*보다는 차라리 망명 생활을 택했던 사람들의 일원이었다. 지금 그들을 휩쓴 질병은 200년 전 종족의 절반을 앗아간 질병과 비슷했다. 대재앙이 있었던 그때부터 지금의 시련이 있기까지, 그 사이에 그들은 런던의 조지 3세를 방문하고, 신문을 발간하고, 바구니를 만들고, 오글소프**를 이끌고 숲을 건넜고, 앤드루 잭슨***이 크리크족****과 싸우는 걸 도왔고, 옥수수를 요리했고, 조직을 설립했고, 스페인의 왕에게 청원을 했고, 다트머스까지 실험적으로 가보았고, 수용소를 설립했고, 그들의 언어로 글을 썼고, 정착민들에 대항해 싸웠고, 곰을 쏘고 성경을 번역했다. 그러나 다 헛수고였다. 그들의 도움으로 크리크족을 이긴 바로 그 대통령의 주장에 따라 강제로 아칸소 강으로 이주당한 그들은 이미 형편없이 참혹하게 줄어든 인원에서 또 4분의 1을 잃고 말았다.

어느 날 갑자기 들이닥친 노예 사냥꾼들에게 붙잡혀 낯선 땅으로 끌려와 노예가 되어버린 흑인들. A-1)에서 반복되는 폴 디의 절규는 불합리한 인종차별을 왜 참아야만 하는지 묻고 있다. 그런데 인종차별 문제가 비단 백인과 흑인만의 문제

---

* **오클라호마**: 1838 - 39년에 체로키족들이 강제 이주당한 곳. 이 이주를 '눈물의 이주'라 부른다.

** **오글소프**(James Oglethorpe, 1696-1785): 박애주의자이자 조지아 식민지를 건설한 영국 군인.

*** **앤드루 잭슨**(Andrew Jackson, 1767-1845): 미합중국 7대 대통령.

**** **크리크족**: 북미 인디언의 일족.

가 아니었음을 A-2)는 보여주고 있다. 감옥에서 탈출에 성공한 폴 디 일행이 처음으로 도움을 받았던 체로키 인디언들 또한 종족 자체가 사라져가는 운명에 놓인 희생자들이었다. 당시 현실은 흑인들의 자유는 물론이려니와 원래 그 땅에서 살고 있던 인디언들의 존재도 위협받는 상황이었다. 대륙의 새 주인이 된 백인에게 흑인은 당연히 노예로서 주인에게 봉사해야 하고, 인디언들 또한 설령 백인들을 도왔다고 해서 감히 지정 구역 밖에서 마음껏 활보할 수 있는 존재는 아니었다. 주인의 '보호'란 이런 것이었다.

오늘날에도 미국 주류 사회의 백인과 비주류 사회의 유색인종 사이에 나타나는 다양한 갈등은 여전히 해소되지 않고 있다. 대형 화재, 허리케인, 홍수 같은 자연재해에 이어 터져나오는 약탈, 방화, 폭동, 진압 등의 현실은 자신이 선택할 수 없는 피부색 같은 선천적 요소의 차이가 차이로 인정되지 못하고, 사회제도적인 차별의 구조로 강력하게 고착화되어 있음을 보여준다. 천재지변 못지않게 사회의 재앙이 되고 있는 인종차별 문제의 해소는 다름을 다름으로 인정한 뒤에 실질적인 평등을 마련하는 것이며, 다름 자체가 바로 우열의 잣대가 될 수 없도록 해야 할 것이다.

한국 업체에 고용된 동남아 출신 근로자들에게는 인권유린과 저임금이 당연한 통과의례가 되어버렸다. 인종차별적인 비아냥과 욕설을 일상어처럼 들어야 하고, 상습적으로 구타를 당한다는 게 외국인 노동자들의 하소연이다. 한국인에 비해 턱없이 적은 임금을 받는 이들에게 "그 정도 월급이면 너희 나라에서는 1년을 벌어야 한다"고 이야기하거나, 그들이 합숙소에 생활용품을 공급해 달라고 요구하면 "못사는 데서 왔기 때문에 물욕이 많다"고 대응하고, 작업속도가 느리면 "돈 벌러 왔으면 더 열심히 일해야 하는데도 게으르기만 하다. 그러니 너희 나라는 천상 가난할 수밖에 없다"고 면박을 주기도 한다는 것이다.

산업연수생으로 온 한 미얀마 근로자는 자신의 심정을 다음과 같이 토로한다. "한국에 있는 동안 저는 참으로 이해할 수 없는 것들이 많았습니다. 처음에 올 때에는 열심히 일을 잘하면 일한 만큼 돈도 벌고 좋은 대우를 받을 수 있다고 생각했어요. 그런데, 동남아 사람이라는 이유로 처음부터 월급이 적게 책정되고 생산량이 더 많아도 한국인만큼 대우를 받지 못한다는 게 납득할 수 없었습니다. 또 한국에 있는 동안 유럽인이나 미국인을 대하는 태도와 우리 동남아시아인을 대하는 태도 사이에 차이가 큰 것을 보면서 아쉬움이 많았습니다. 동남아시아인, 아프리카인, 유럽인, 미국인, 한국인 모두가 붉은 피가 흐르는 같은 사람이 아닙니까?"

— 2002 한양대 논술고사

인종차별의 문제는 비단 미국만의 것은 아니다. '강 건너 불' 보듯 바라볼 수 없는 심각성을 위 제시문은 우리에게 보여준다. 한국인은 아무리 먹고살기 어려워도 기피하려는 3D 업종에서 힘든 노동을 하고 있는 많은 외국인 노동자들은 자기들의 노동에 대해 정당한 임금을 받지 못하고 있다. 임금 문제만이 아니라 이 땅에서 인간적인 대접 또한 받지 못하고 있는 게 현실이다. 한국인의 인종차별은 3D 업종에서 일하고 있는 이들에게 유독 심하다. 대기업에 근무하는 사람들에서부터 외국어 강사에 이르기까지 백인들에 대한 한국인의 차별은 찾아보기 힘들다. 오히려 그들과 친해지지 못해 안달이다. 한국에서 유럽인, 미국인으로 대변되는 백인종과 그 외 인종 사이에는 도저히 건너지 못할 엄청난 차이가 존재한다. 지하철 옆자리에 시꺼먼 흑인이 앉는다면 한국인이나 백인이 앉았을 때와 달리 왠지 당혹감과 함께 아마 거부감마저 느끼는 것이 일반적인 정서가 아닐까? 이러한 우리의 생각과 행동이 과연 무엇을 의미하는지에 대해 고민해 보지 않을 수 없다.

동양이 서양에 비해 열등하다는 동양학은 누구에 의해 어떤 목적으로 만들어지게 되었을까? 지금 내가 가진 열등한 인종적 정체성은 어떤 과정을 통해 형성된 것일까? 식민지 역사를 가진 우리는 식민지 본국보다 열등한가? 지배를 받던 제 동족은 하찮고 만만한 반면, 지배한 이들은 배우고 따르며 모셔야 하는 존재들인가?

이런 의문들을 따라가다 보면, 지금 이 땅에서 나타나고 있는 외국인 노동자에 대한 차별 문제를 해결할 단서들을 만나게 된다.

"얼마나 많이 참아야 하나요?"라는 폴 디의 질문과 이 땅 외국인 노동자들의 절규는 그리 다르지 않다. 그리고 그것은 사회적 약자가 일방적으로 참아야만 할 문제가 결코 아니다. 식민지와 서구화의 경험을 통해 형성된 우리의 정체성은 이제 우리보다 못하다고 생각하는 외국인 노동자에 대한 차별을 정당화하고, 마치 그것이 당연한 권리인 듯 행사하게 하고 있다. 그러나 차별을 행할 수 있다는 것은 자기 존재의 우월함을 증명하는 것이 아니라, 그 자신 또한 차별의 굴레에서 벗어날 수 없는 존재임을 말하는 것이다. 일상의 모든 차별의 내용과 형식을 결정하는 것은 지금 사회의 가장 중요한 가치인 물질적인 부(富)다. 여기서 자유롭지 못한 한 우리는 여전히 주인이 되기 어렵다.


## 2. 그들, 그리고 우리의 삶—노예제

이제 농장은 가너가 죽을 때보다 더 철저히 패망하기 일보직전이었다. 최소한 그(학교선생)는 흑인 노예 둘을 잃었고, 할리라는 놈은 찾을 수 있을지 없을지 모르니 어쩌면 셋을 다 잃었는지도 모른다. 아주머니는 너무 쇠약해서 도움이 전혀 되지 않았고, 지금 이게 집단 탈출이 아니면 뭐란 말인가. 지긋지긋했다. 여기 이놈은 최소한 9백 달러는 받고 팔아야 되겠고, 이제 나가서 애를 낳는 여자 노예와 새끼들이 도망가지 못하게 하고 다른 한 놈을 찾아야겠다고 했다. '여기 이놈'한테서 나오는 돈으로 열두 살이나 열다섯 살 먹은 어린 노예를 두 마리 정도 사겠다고. 그리고 애를 낳는 여자 노예가 있고, 애새끼들 셋이 있고 또 뱃속의 새끼가 있으니 조카들과 자기한테는 일곱 노예가 남은 셈이고, 골치가 아프긴 해도 스위트 홈은 수지를 맞출 수 있겠다고 했다.

(중략)

그들은 아마 산더미만한 배에 등이 너덜너덜해진 채로는, 아무 데도 가지 못할 거라고 생각했던 게 틀림없다. 그들이 신시내티까지 그녀를 쫓아간 것도 놀랍지는 않았다. 지금 생각해 보니 그녀의 가격은 폴 디보다 훨씬 높았기 때문이다. 비용도 들지 않고 자가증식하는 재산이었으니까.

학교선생이 받아낸 자기 몸값를 센트까지 기억하는 폴 디는 시드의 몸값은 얼마였을까 궁금했다. 베이비 석스의 몸값은 얼마였을까? 자기의 노동력을 제외하고, 할리가 갚아야 할 돈은 얼마였을까? 가너 부인이 폴 에프를 팔고 받은 돈은 얼마였을까? 9백 달러 이상이었을까? 얼마나 더 받았을까? 10달러? 20달러? 학교선생이라면 알겠지. 세상 만물의 값을 꿰고 있는 사람이니까.


탈출에 실패해 쇠재갈을 물린 폴 디가 우연히 듣게 된 학교선생의 이야기다. 건강한 남자 노예인 자신보다 시드가 농장에 더 중요한 것은 가격이 높았고 새끼를 낳는, 자가증식하는 재산이었기 때문이었다.

　남북전쟁의 속사정 또한 이와 크게 다르지 않다. 북부의 주민이나 정치가들이 흑인을 더 불쌍히 여기거나 인간적이어서가 아니다. 근대적 산업자본이 지배하는 북부지역은 노예노동에 의존하는 농업사회 남부가 미국 자본주의 발전에 장애가 된다고 판단하고, 당시 세계제국이던 영국에 맞서 공업을 중점적으로 발전시키게 된다. 경쟁력을 가지기 전까지 공업을 보호해야 할 필요에 의해 시행된 보호주의 정책은 영국으로부터 질 좋은 공산품을 값싸게 수입할 수 있는 자유무역을 옹호하는 남부지역과 갈등을 일으킨다. 남부의 면화농장에 매여 있는 풍부한 노동력을 자유롭게 사용할 수 있다면 북부는 더 유리한 조건에서 산업을 발전시킬 수 있기에 전쟁이 발발한 것이다. 그리고 그 전쟁의 결과는 농업과 수입에 의존하던 남부가 초기의 우위를 점하지 못하고 북부에 지고 마는 현실로 마무리되면서 이후 미국의 자본주의는 북부의 산업자본에 의해 본격화되기에 이른다. 백인 주인과 흑인 노예라는 인종간 신분적 차별제도는 이제 신분적 속박은 벗어났으나 새로운 사회 시스템 속에서 변형되었다.

　자신의 노동력을 상품으로 시장에 내놓고 그 대가로 임금을 받는 노동자는 현대의 임금'노예'다. 자기 노동의 결과는 이제 자신의 손을 벗어나 타인의 것이 된다. 자기 노동에 소외된 노동자들에게 노동은 더 이상 즐거움이 될 수 없다. 효율과

속도를 중시하는 자본주의 체제의 컨베이어 벨트를 생각해 보면 단순 반복작업을 하고 있는 노동자는 이제 생산과정의 주인이라기보다 벨트의 속도에 맞춰 일해야 하는 거대 시스템의 부품의 처지로 전락하게 됨을 알 수 있다. 이러한 개인들은 고독하다.

그리고 이윤추구를 지상과제로 하는 자본가 또한 노예의 처지이긴 마찬가지다. 시장에 내놓은 상품이 자동적으로 판매되는 것은 이상적이긴 하나 환상이다. 끊임없이 펼쳐지는 경쟁에서 탈락하는 순간 비정하게 찾아오는 것은 파산이며 죽음이다. 살기 위한 치열한 경쟁이 펼쳐지는 이유는 자본가 개인의 선천적 악함이 아니다. 이윤발생과 그것의 끊임없는 확대가 보장되지 않을 때 죽음으로 자본가를 내모는 자본의 논리는 자본가들을 노예로 만들고 있다.

## 3. 또 다른 노예의 길, 왜곡된 사랑

사랑의 보금자리 가정. 그러나 우리는 각박한 현실에서 당연히 그렇게 되어야 할 가정이 파괴되는 안타까운 현실을 자주 접한다. 사랑에 의해, 사랑을 위해, 사랑의 이름으로 한 가족의 동반자살도 발생하지 않는가?

학교선생이 우리를 끌고 가는 대로 두고, 엉덩짝의 치수를 재게 하고, 결국 매질로 엉덩짝이 갈기갈기 찢길 때까지 그냥 내버려두는 길 말이냐? 내가 다 당해봐서 알아. 세상에 두 발로 걷는 인간이건, 쫙 뻗어 쓰러진 시체건, 너한테 그런 기분을 느끼게 만들 수는 없는 거야. 절대 너는 안 돼. 내 자식은 절대 안 돼. 네가 내 거라는 얘기는, 나도 네 것이라는 말이란다. 내 자식들 없이는 절대 숨을 쉬지 못할 거야. 베이비 석스 당신께도 그랬어. 그러자 어머님은 무릎을 꿇고 나를 용서해 달라고 하나님께 빌더구나. 하지만, 그래도 마찬가지야. 내 계획은 너희들을 전부 다 데리고 저승으로 떠나려는 것이었지. 우리 친어머니가 계신 그곳으로. 그런데 그들이 막아서 못 갔어. 하지만 네가 떠나는 건 막지 못했지. 하하. 너는 착한 소녀처럼 금세 돌아왔구나. 내가 원하던 참한 딸로 말이야.

시드가 큰딸 빌러비드를 살해한 것은 딸을 사랑했기 때문일까? 이 사랑을 우리는 어떻게 받아들여야 하는 것일까? 여기서 보이는 시드의 논리는 우리가 접하게 되는 동반자살 소식에 등장하는 부모들의 이야기와 흡사하다. "이 험한 세상에서 부모를 잘못 만나 앞으로 살아도 우리처럼 고생고생 힘들게 살 게 뻔한데…." 지금 자신이 처한 현실에 대한 비관은 그 자식들에게 그대로 투영되어 판단을 부모가 내리는 것이다.

귀신이 한을 품은 건 엄마고, 또 엄마를 막지 못한 할머니라고요. 하지만 저는 절대 해치지 않을 거라고 했어요. 하지만 조심하기는 해야 한다고요. 유령은 사랑에 굶주려 있어서, 아주 아주 많이 사랑해 주어야 한다고요. 생각해 보면, 당연한 거죠. 그리고 난 언니를 사랑해요. 사랑해요 정말이에요. 언니는 나와 놀아주고, 필요할 때 언제나 곁에 있어주었어요. 언니는 내 거예요. 빌러비드 언니는 내 거예요.

어머니의 살인행위를 알게 된 덴버는 모처럼 나간 바깥세상에서 상처받고 자신의 세계에 고립된다. 그런 그녀에게 나타난 언니는 집착의 대상이 되는데 언니 빌러비드의 시선은 어머니 시드에게만 향한 것이라 덴버는 안중에 없다. 덴버는 다시 한 번 시드-빌러비드의 사랑이라는 이름의 소유관계에서 제외된다. 사랑한다는 것은 그 대상을 나만이 소유해야만 가능한 것일까?

"너무 짙어서 숨막힌다고?"

그녀는, 베이비 석스의 호령에 칠엽수 열매가 후드득 떨어지던 공터를 생각하며 말했다.

"사랑은 원래 그런 거야, 그렇지 않으면 사랑이 아니야. 희박한 사랑은 사랑이 아니야."

"그래, 하지만 그래서 무슨 덕을 봤어? 그래서 뭐가 잘됐느냐고?"

"효과가 있었어."

"어떻게? 당신 아들놈들은 다 달아나버리고 행방도 묘연하잖아.

딸 애 하나는 죽고, 또 하나는 마당 밖으로 한 발짝도 안 나가. 어떻게 그게 효과를 본 거야?"

"스위트 홈에 있는 건 아니잖아. 학교선생한테 붙들리지는 않았잖아."

"어쩌면 더 나쁠 수도 있어."

"뭐가 더 나쁜지, 그건 내가 알 바 아냐. 지금 그대로를 알고, 또 내가 알고 있는 끔찍한 상황에서 아이들을 구출해주는 게 내 할일이었어. 그래서 그렇게 한 거야."

"당신이 한 짓은 잘못된 거야, 시드."


상대를 질식케 하는 짙은 사랑. 그 사랑에 상대는 죽게 된다. 상대를 소유하다 못해 파괴로까지 나가버리는 것을 우리는 진정한 사랑이라고 볼 수 있을까?


"엄마한테는 말하지 마. 언니가 누군지, 엄마는 절대 모르게 해. 제발 알겠어?

"나한테 명령하지 마. 절대 나한테 뭘 하라 마라 하지 마."

"하지만 난 언니 편이야."

"엄마가 필요해, 내가 필요한 건 엄마야. 너는 가도 좋지만, 엄마만은 내가 가져야만 해."


유령 빌리버드가 현실 세상에 사람의 몸을 하고 나타난

것은 사랑 때문이었을까? 자기를 죽게 했던 어머니의 행동을 사랑이라고 할 수 있는지 확인하고, 보상받기 위해?

자신의 욕망이 중심이 되고 그것이 단지 타인에게 투영될 때, 그 타인은 이미 타인이라기보다 자신의 또 다른 모습이 될 뿐이다. 타인이라고 생각하지만 결국 자신에게만 집중된 감정을 우리는 사랑이라기보다 집착이라 불러야 한다. 집착은 나와 남의 관계를 끊고, 나는 내 감정의 포로가 될 뿐이다. 생명마저도 소유(즉 교환) 대상이 되는 야만적인 현실은 급기야, 가족간의 사랑마저도 왜곡시키고 마는 것이다.

## 4. 어려운 주인 되기 — 시기와 질투의 끝은 어디인가?

124번지는 밤늦게까지 손님들의 목소리로 들썩거렸다. 아흔 명의 손님들은 너무 잘 먹고, 너무 많이 웃어서 그만 화가 나버렸다. (중략) 웃음소리로 들썩거리던 124번지 때문에, 아흔 명을 채우고 남을 자선과 양식으로 넘쳐나는 124번지 때문에 그들은 화가 났다. '도가 지나쳐'라고 그들은 생각했다. 그걸 다 어디서 갖고 온 거지? 베이비 석스는? 성녀 베이비 석스라고? 어째서 그 여자가 하는 일은 언제나 뭐든 옳은 거지? 충고를 해주고, 소식을 전해 주고, 병자를 치료하고, 탈주자를 숨겨주고, 사랑하고, 요리하고, 사랑하고, 설교하고, 노래하고, 춤추고, 누구나 가리지 않고 사랑해 주고, 그게 자기가 할일이고 그 일을 할 사람은 자기밖에 없다는 것처럼 구는 거냐고.

베이비 석스는 흑인 사회에서 매우 이타적 인물로 그려진다. 그랬던 그녀는 질펀한 잔치 끝에 그 집단에서 매장당해 버린다. 인간인 주제에 감히 신이 되려고 했다는 사람들의 시기와 질투는 그녀와 그녀의 가족에게 예기치 않은 커다란 재앙을 내렸다.

자기가 가진 음식물을 나누고 유별나게 낭비하고 무절제한 소비를 해대는 잔치를 여는 풍속(potlatch, 포트래취)이 세계 여러 곳에서 발견된다. 이런 풍속을 통해 집단의 단결이 강화되고 음식을 베풀었던 자는 존경과 신망을 무리에게서 얻게 된다. 그러나 결과적으로 부족장, 추장들에게 포트래취는 권력을 유지하는 정당하고 유용한 수단이기도 했지만, 이런 행위를 지속하지 못할 때는 바로 권력이 끝나버리고, 심하게는 그 자신마저 잡아먹히게 되는 치명적인 결과를 낳을 수 있는 흉기가 되기도 했다. 포트래취에서 베푸는 자와 받는 자는 음식과 권력을 교환한다. 베이브 석스는 잔치를 베풀고 신이 되는 교환을 원했을까? 신이 될 수 있는 이렇게 쉬운 길을 두고 인간들은 왜 그렇게 오래 헤매왔다는 것인가? 기쁜 마음으로 잔치에 참가했던 그들이 그 기쁨이 채 가시기도 전에 배반을 했다. 잔치에서 그들이 본 것은 한 인간의 오만이라기보다 자기 자신의 마음이었다. 내가 하지 못하는 것을 그녀가 한다.

우리의 생명은 치열한 경쟁을 뚫은 정자가 난자를 만나는 관계 속에서 시작된다. 모든 정자가 새 생명이 될 수 없듯이 인간이라는 존재는 이미 생성과정에서부터 경쟁의 경험을 쌓기 시작한지 모르겠다. 그리고 이 사회는 무한히 다양한 경쟁의 마당을 우리에게 제공한다. 유치원, 초등학교, 중학교…. 한 단계에서 다음 단계로 사회가 정한 정상적인 순서를 밟아가면서 무한히 확대되는 경쟁의 틈바구니 속에서 급우도 경쟁자이고, 입시라는 관문을 통과하기 위해선 이겨야만 하는 상대다. 오늘날 사회에서 제대로 된 인간은 성공했다고 평가받는 인간이며, 성공은 경쟁에서 패하지 않고 이겨서 살아남음을 뜻한다.

그러나 이러한 경쟁 체제에서 모든 사람이 동시에 성공하고 이길 수 없다. 이기는 자가 있다는 것은 지는 자가 있다는 것이고, 우리가 겪은 일련의 순서를 떠올리면 소수의 승자를 위해 점점 많아져야 하는 패자의 행렬은 길어진다. 오늘은 내가 이겼지만 내일은 패배자가 될 수 있다. 남을 밟아 내가 일어선 성공은 허망하다. 언제까지 이길 수 없음을 우리는 알기 때문이다.

배타적인 관계만을 남기는 나와 남의 비교, 최종적으로 승리와 패배만을 남기는 경쟁은 중지되어야 한다. 언제까지나 타인의 시선을 의식하고, 남과 나 자신을 비교하며, 끝없이 경쟁에서 남을 짓밟으면서 자신만 살아남을 수는 없다.

## 5.남겨진 삶－우리의 현실

유령 빌러비드는 왔던 것처럼 현실에서 갑자기 사라져버린다. 시드와 빌러비드 사이에서 자신의 자리를 찾아야 했던 덴버는 124번지를 벗어나 세상으로 나간다. 시드와 폴 디는 다시 만나게 되고, 이 재결합을 통해 우리는 서로의 고통은 이제 씻겨지고 안정과 행복이 찾아올 것으로 상상할 수 있다. 유령이 나오는 집, 유령이 사람으로 환생해서 나타나 살던 집, 그러나 이 모든 갈등이 해소되어 새로운 삶이 시작되는 미래.

그러나 우리는 빌러비드의 기구한 삶을 중심으로 펼쳐진 이 소설 속에서 드러났던 문제들이 오늘날 우리 현실에서 여전히 해결되지 않은 채, 유령처럼 떠돌고 있음을 안다.

한 가정의 비극을 불러왔던 인종차별과 노예제는 오늘날 자본주의시장 제도 속에서 새로운 형태로 지속되고 있다. 그리고 배타적 경쟁과 집착은 이기심과 소유욕의 다른 이름일 뿐으로 우리의 삶을 황폐화시키고, 우리를 노예로 붙들어 매는 것임을 알 수 있었다.

소설은 끝났지만, 현실은 계속된다. 우리 스스로가 우리의 태도와 의식을 고치지 않는 한 빌러비드의 삶은 바로 우리 자신의 삶이 될 것이다.

## 〔02대입〕 한양대 논술고사

**(가)** 저는 우리 사회에 만연한 오리엔탈리즘에 대해 이야기를 좀더 나눠보고 싶군요.

제국주의 시기에 서양인들은 자원 착취와 시장의 확보라는 두 가지 목적에서 해외로 진출해야 했습니다. 그 과정에서 역사·문화·지리·사상 등과 관련된 해외 원주민들에 대한 정보를 얻어야 했죠. 이런 식으로 제국주의 시기에 서양인들에 의해 만들어진 동양에 관한 지식의 체계가 '오리엔탈 스터디' 곧 '동양학'입니다.

그들은 세계를 서양·동양으로 나누고 '서양=문명, 동양=야만'이라고 주장하면서 동양을 폄하했습니다. 그들은 불상에 대한 경배나 조상에 대한 제사를 우상숭배나 미신으로 여깁니다. 그러나 서양 종교가 정말로 이성적이고 합리적인 것이라 할 수 있습니까? 서양의 종교도 기적의 염원과 마술이 팽배했던 전통시대의 의례와 관습을 많이 간직하고 있잖아요. 향을 피우고 물을 뿌리고 하는 것들도 원래는 주술적인 관습들이 종교적으로 의례화된 것 아니겠어요? 그런 것들이 고등종교로 발전하면서 세련되고 멋있게 보이는 것이지요. 이런 행위만이 문명적인 것이고, 동양의 종교에서 향 피우고 절하는 것은 미개하거나 야만적인 우상숭배라고 할 수 있어요?

그러나 더 중요한 문제는 한국의 많은 지식인들이 이렇게 만들어진 서양의 동양관을 내면화해서 스스로의 문화와 사상을 미신, 비합리, 비과학적인 것으로 생각한다는 것입니다. 물론 이러한 내면화는 자발적으로 이루어진 것은 아닙니다. 여기엔 힘의 논리, 강자의 억압이라는 엄연한 역사적 현실이 작용했습니다. 우리의 역사를 돌아보건대, 서구적인 근대화에 몰입하다보니 이러한 오리엔탈리즘적 시각마저도 무의식적으로 내면화하고, 그것에 근거해 우리 스스로의 정체성을 구성하게 된 것입니다. 뭐랄까요, 우리가 생각하는 '우리'의 모습은 진정한 '우리'의 모습이 아니라 서구에 의해 재구성된 '우리'의 모습이겠지요.

**(나)** 한국 업체에 고용된 동남아 출신 근로자들에게는 인권유린과 저임금이 당연한 통과의례가 되어버렸다. 인종차별적인 비아냥과 욕설을 일상어처럼 들어야 하고, 상습적으로 구타를 당한다는 게 외국인 노동자들의 하소연이다. 한국인에 비해 턱없이 적은 임금을 받는 이들에게 "그 정도 월급이면 너희 나라에서는 1년을 벌어야 한다"고 이야기하거나, 그들이

합숙소에 생활용품을 공급해 달라고 요구하면 "못사는 데서 왔기 때문에 물욕이 많다"고 대응하며, 작업속도가 느리면 "돈 벌러 왔으면 더 열심히 일해야 하는데도 게으르기만 하다. 그러니 너희 나라는 천상 가난할 수밖에 없다"고 면박을 주기도 한다는 것이다.

산업연수생으로 온 한 미얀마 근로자는 자신의 심정을 다음과 같이 토로하고 있다. "한국에 있는 동안 저는 참으로 이해할 수 없는 것들이 많았습니다. 처음에 올 때에는 열심히 일을 잘하면 일한 만큼 돈도 벌고 좋은 대우를 받을 수 있다고 생각했어요. 그런데, 동남아 사람이라는 이유로 처음부터 월급이 적게 책정되고 생산량이 더 많아도 한국인만큼 대우를 받지 못한다는 게 납득할 수 없었습니다. 또 한국에 있는 동안 유럽인이나 미국인을 대하는 태도와 우리 동남아시아인을 대하는 태도 사이에 차이가 큰 것을 보면서 아쉬움이 많았습니다. 동남아시아인, 아프리카인, 유럽인, 미국인, 한국인 모두가 붉은 피가 흐르는 같은 사람이 아닙니까?"

(다) 식민지화(植民地化)는 지난 400년에 걸쳐 서구의 팽창과 함께 발달된 문화적·경제적 착취의 특수한 형태이다. 서구 제국의 식민지들은 서구의 제도들을 채택했고, 따라서 식민지화는 곧 서구화를 의미했다. 과거 식민지였던 나라들은 그 식민지 유산들을 극복하기를 바라지만, 그러나 그것은 완강하다.

게다가 식민지화된 백성들은 식민지 경험에서 비롯된 모순들을 내면화해왔다. 첫째로, 그들은 식민지 개척자들의 관습과 사고방식을 선택함으로써 그들을 모방할 수밖에 없었거나 그렇게 하기를 원했다. 그들의 모방은 식민지 개척자들의 특성을 단순히 재현하는 게 아니라 열등감으로 귀결되었다. 둘째, 식민지화된 백성들은 사람을 판단하는 이중 기준을 가지는데, 그 하나는 그들의 동료, 다른 하나는 그들의 식민지 개척자들을 판단하기 위한 것이다. 이러한 자기 분열은 강요된 식민주의의 직접적인 결과이다. 이러한 모순된 요소들은 독립을 획득한 뒤에조차 다음 세대들에 대한 식민지화된 민족의 감정과 태도의 체계를 구성하였다.

〈문제〉 글 (가), (나)는 서구 문화 및 외국인에 대한 한국인의 태도를 보여주고 있다. 글 (다)는 서구의 식민주의가 비서구 식민지에 끼친 영향에 대한 글이다. (다)에 제시된 개념을 활용하여 (가), (나)에 드러난 태도를 분석하고, 그 문제점을 극복하기 위한 개인적·사회적 방안을 논술하시오.

**(가)** 정말이지 그 농장의 잎새 한 장만 봐도 비명을 지르고 싶은 심정이건만, 눈앞의 그 광경은 뻔뻔스럽게도 찬연한 아름다움 그 자체다. 생전 처음 보는 듯한 그 무시무시한 광경 앞에서, 그만 어쩌면 지옥도 꽤나 예쁜 곳일지 모른다는 생각이 들 정도다. 설사 불길과 유황이 들끓더라도 아마 전부 섬세한 망사 장갑 속에 참모습을 숨기고 있는 게 분명했다. 세상에서 가장 아름다운 플라타너스 나무들에 대롱대롱 목매달린 남자들. 그녀(시드)는 부끄러웠다―그 청년들이 아니라 쏴쏴 하고 흔들리는 아름다운 나무들부터 기억하다니. 아무리 애를 써봐도 언제나 청년들보다는 플라타너스가 먼저였고, 그런 자신의 기억을 그녀는 도저히 용서할 수 없었다.

**(나)** "미안하지만, 딸애(덴버) 험담은 더 못 듣겠어. 내가 혼쭐을 낼 테니까, 당신은 가만 내버려둬."

위험천만이군, 폴 디는 생각했다. 위험하기 짝이 없어. 한때 노예였던 여자로서는, 저렇게까지 뭔가를 사랑한다는 게 위험천만한 일이었다. 특히 사랑이 정착한 대상이 자기 자식들일 경우에는 위험이 배가되었다. 그가 알기로, 최선의 길은 그냥 약간만 사랑하는 거였다. 뭐든지 사랑하되, 그냥 약간씩만, 그래서 그들 손에 허리가 부러져도, 아니면 시체 포대에 처넣어져도, 글쎄, 그래도 다음 사람을 위해 약간의 사랑은 남겨놓을 수 있도록.

(다) "신경 쓰지 말고 우릴(덴버와 빌러비드) 그냥 내버려둬요. 엄마. 내가 잘 돌보고 있으니까."

"뭐라고 말을 좀 하던?"

"하면 말씀드릴게요."

시드는 딸을 보고 생각했다. 저애는 정말 외로웠구나. 그래, 정말 외로웠어.

"히어 보이가 어디 갔는지 모르겠니?"

시드는 그만 화제를 바꿔야겠다고 생각했다.

"돌아오지 않을 거예요."

"어떻게 아니?"

"그냥 알아요."

〈문제 1〉 제시문 (나),(다)를 읽고 폴 디가 가진 '사랑'에 대한 생각에 자신의 찬반을 정하고 그 이유를 밝히시오.

〈문제 2〉 제시문 (가)에서 나타난 시드에 대한 자신의 생각을 정리해 보시오.

(가) 그들은 도망간 노예 계집을 제자리로 데리고 가려고 빌려온 노새를, 학교선생의 말에서 풀어다가 울타리에다 묶었다. 그러고는 정수리에 똑바로 떨어지는 햇살을 받으며 총총히 말을 달려 사라졌다. 보안관은 이제껏 본 것 중에 가장 끔찍한, 뒈질 흑인 떼거지들 속에 혼자 남게 되었다. 자기네들이 좋아하는 식인종 생활로 돌아가지 못하게 시시각각 관리와 지도가 필요한 인간들한테 소위 자유를 좀 주면 어떤 결과를 낳는지, 적나라하게 보여주는 증거가 아닐 수 없었다.

보안관도 발을 빼고 물러나고 싶은 마음이 굴뚝같았다. 원래 시리디시린 오하이오의 겨울을 위해 땔나무, 석탄, 등유 같은 연료를 저장하게 되어 있는 헛간 밖으로 나가서 태양을 받으며 서고 싶었다. 지금 보안관은 오하이오의 겨울을 생각하며, 8월의 햇살 속으로 내달려 나가고 싶은 충동과 싸우고 있었다. 두렵기 때문만은 아니었다. 그건 절대 아니었다. 그냥 추웠다. 그저 아무것도 손대고 싶지 않았다. 노인네의 품에 안긴 아기는 울어대고 있었고, 흰자위가 없는 여자의 눈은 똑바로 앞만 쳐다보고 있었다. 마룻바닥에 쓰러져 있던 남자애 하나가 한숨을 쉬지 않았다면, 아마 아무도 꼼짝달싹 않고 그렇게 목요일까지 하염없이 서 있었으리라. 마치 깊은 단잠의 즐거움에 빠져 있는 것처럼 소년이 한숨을 내쉬는 바람에 보안관은 행동을 취하기 시작했다.

"너를 체포해야 해. 이제 걱정할 것도 없어. 충분히 할 만큼 했어. 이제 진정을 좀 하자고."

그녀는 꼼짝도 하지 않았다.

"조용히 따라와. 들리지. 그러면 포박할 필요가 없을 테니까."

그녀는 여전히 가만히 서서 꼼짝도 않았고, 보안관은 그 여자 근처로 가서 어떻게든 저 붉은 두 손을 뭘로 묶어야겠다고 생각하고 있었다. 그런데 바로 그때 등 뒤의 문간에 그림자가 드리워지는 바람에 보안관은 뒤를 돌아보았다.

(나) 조지아 주 알프레드 수용소에서는 비둘기 울음소리를 들으면서도 그 소리를 만끽할 권리도 허락도 주어지지 않았다. 그곳에서 안개, 비둘기, 햇살, 구릿빛 먼지, 달—모든 것들이 총을 가진 사내들의 소유였으니까. 그들 중에 작은 사람들, 아니 큰 사람들도, 폴 디가 마음만 먹으면 나뭇가지 부러뜨리듯 모가지를 꺾어버릴 수 있는 치들이었다. 자기네들의 남성다움이 총에서 나온다는 걸 잘 알고, 총이 없으면 여우들도 우습게 볼 거라는 사실을 알면서도 창피해하지 않는 인간들. 그런데 암여우도 비웃을 이 소위 '남자들'이, 비둘기 울음소리를 듣거나 달빛을 사랑하는 것조차 못하게 하는 것이었다.

**(다)** 어떤 백인이 마차에서 트렁크 두 개를 내리는 걸 도와달라며 부르는 소리('어이! 거기!')를 듣게 된 것이었다. 나중에 백인은 동전을 하나 주었다. 폴 디는 그걸 가지고 몇 시간을 하염없이 걸었다 ─ 그걸로 뭘 살 수 있을지(양복? 끼니? 말?) 또 자기한테 물건을 팔 사람이 과연 있을지도 잘 알 수가 없었다. 그러다 마침내 마차에다 좌판을 차린 야채 장수를 보았다. 폴 디는 순무 한 단을 가리켰다. 야채 장수는 순무를 폴 디에게 주고는 손에 쥐고 있던 동전 하나를 받아가더니 또 다른 동전들을 몇 개 주었다. 그는 깜짝 놀라 뒤로 물러났다. 주위를 둘러보며, 그는 아무도 이런 '실수'나 자기한테 관심을 갖고 있지 않다는 걸 깨달았고, 그래서 순무를 질겅질겅 씹으며 행복하게 길을 걸었다.

**(라)** 말은 계속 터덜터덜 달려갔고, 에드워드 보드윈은 숨을 호호 불어 아름다운 콧수염을 식혔다. (중략) 하지만 그의 머리카락은 누이처럼 백발이었고, 그건 젊은 시절부터 계속 그래왔었다. 이 때문에 그는 어느 집회에서나 가장 눈에 잘 띄고 인상적인 사람이 되었고, 만화가들은 지역의 정치적 반목을 묘사할 일이 있으면 그의 백발과 검고 커다란 콧수염이 갖는 극적인 효과를 절대 놓치지 않았다. 20년 전, 노예제에 반대하는 집회의 활동이 절정에 달했을 때에는 마치 그의 털 색깔 자체가 문제의 핵심처럼 거론되었다. 적들은 그를 '표백한 깜

등이'라고 불러댔고, 아칸소로 여행하는 길에서는 경쟁업자인 흑인 거룻배 사공들의 활동에 분노한 일부 미시시피 선원들이 그를 붙잡아다 얼굴과 머리카락을 구두약으로 까맣게 칠한 적도 있었다. 그 어지럽던 나날들은 이제 가버렸다. 남은 건 침전된 악의와 으깨어진 희망, 손을 댈 수가 없는 난관들이었다. 이 나라가 평화로워진다? 글쎄, 보드윈의 살아생전에는 볼 리 만무했다.

　　(중략)

　　탈주한 여자 노예 하나가 시어머니와 함께 그의 고향집에서 살면서 말로 못할 고난을 겪을 때, 그들이 그러했듯이. 집회는 영아 살해와 야만성에 대한 논의를 반전시켜서 노예제를 폐지하자는 주장을 뒷받침하는 확고한 사례로 돌리는 데 성공했다. 열렬하게 튀는 침과 확신으로 가득 찬, 좋았던 옛날이었다. 하지만 이제 그는 그저 주석 병정들과 시계 없는 시계줄이 어디 있는지가 궁금할 뿐이었다.


〈문제 1〉 제시문 (가),(나),(라)에 나타난 백인들(보안관, 총을 가진 사내, 보드윈)이 흑인 노예를 대하는 태도를 비교해 보시오.

〈문제 2〉 제시문 (나)에서 나오는 '총'을 당시 노예제도의 지속과 연결하여 논하고, 노예 해방이후에는 어떤 모습으로 오늘날 사회에서 나타나고 있는지, 물질적 부분을 중심으로 논하시오.

〈문제 3〉 제시문 (다)에서 폴 디의 모습을 통해 당시 사회의 변화를 유추
하고, 신분적 요소가 화폐 관계로 대체되는 것의 의의에 대한 자
신의 생각을 논술하시오.

〈문제 3〉 제시문 (다)에서 폴 디의 모습을 통해 당시 사회의 변화를 유추
하고, 신분적 요소가 화폐 관계로 대체되는 것의 의의에 대한 자
신의 생각을 논술하시오.

The CliffsNotes Brand
CliffsNotes on Morrison's *Beloved*
Copyright© 2001 by Mary Robinson and Kris Fulkerson
Authorized translation from the English language edition
published John Wiley & Sons, Inc. company.
All rights reserved.

Korean Translation Copyright© 2006 by Darakwon, Inc.

Korean edition is published by arrangement with John Wiley & Sons
International Rights, Inc. through Imprima Korea Agency.

이 책의 한국어판 저작권은 Imprima Korea Agency를
통해 John Wiley & Sons International Rights, Inc.
와의 독점계약으로 다락원에 있습니다.
저작권법에 의해 한국 내에서 보호를 받는 저작물이므로
무단전재와 무단복제를 금합니다.

**다락원 논술노트 008**

# 빌러비드

**펴낸이** 정효섭
**펴낸곳** (주)다락원

**초판 1쇄 인쇄** 2006년 11월 10일
**초판 1쇄 발행** 2006년 11월 15일

**책임편집** 안창열, 김지영
**디자인** 손혜정, 박은진
**번역** 장봉진
**삽화** 손창복

**다락원** 경기도 파주시 교하읍 문발리 509-1
Tel:(02)736-2031  Fax:(02)732-2037
(내용문의: 내선 520/구입문의: 내선 113~114)
출판등록 1977년 9월 16일 제300-1977-23호

Copyright ⓒ 2006, 다락원

출판사의 허락 없이 이 책의 일부 또는 전부를
무단 복제·전재·발췌할 수 없습니다.
잘못된 책은 바꿔 드립니다.

값 8,500원

ISBN  89-5995-123-4  43740
      978-89-5995-123-9  43740

## 패턴 따라 쉽게 쓰는 틴틴 영어일기 1, 2

❶ 일상생활 패턴정복
❷ 학교생활 패턴정복

중학교에 다니는 여학생과 남학생이 각각 일상생활과 학교생활을 중심으로 1년간의 일을 쉽고 재미있게 쓴 영어일기. 중학생이라면 누구나 한번쯤 겪어봤을 만한 일들을 바탕으로 한 다양한 일기 소재와 어휘가 제공되어 있기 때문에, 영어일기를 통해 영작을 연습하려는 학습자에게 큰 도움이 될 수 있는 교재이다. 중·고생뿐만 아니라, 중학 영어를 미리 예습하려는 예비 중학생들에게도 아주 효과적인 영어 학습서로 강추!

□ 정미선 지음 / 4·6배 변형 / 192면
□ 정가 10,000원 (오디오 CD 1개 포함)

## Teen Teen Diary (전3권)

❶ **매일 10단어로 뚝딱 중학생 영어일기**

중1 수준의 어휘와 문장으로, 영어일기와 일상회화에 대한 감각을 익힌다.

□ 정미선 지음 / 신국판 / 144면
□ 정가 7,500원 (테이프 1개 포함)

❷ **매일 5문장으로 술술 중학생 영어일기**

중2 수준의 어휘와 문장으로, 영어일기에 친숙해지고 자신감을 쌓는다.

□ 정미선 지음 / 신국판 / 152면
□ 정가 7,500원 (테이프 1개 포함)

❸ **매일 내맘대로 쓱싹 중학생 영어일기**

중3 수준의 어휘와 문장으로, 중학영어를 마스터하고 미국의 일상회화에 익숙해진다.

□ 정미선 지음 / 신국판 / 144면
□ 정가 7,500원 (테이프 1개 포함)

## 지니의 미국생활 영어일기 Hello! America (전2권)

❶ **가을학기**  ❷ **봄학기**

어느 한국 여학생의 미국생활 이야기를 일기 형식으로 담은 책. 1권은 '가을학기', 2권은 '봄학기'편으로, 총 1년간의 미국 학교생활 및 일상생활에 관한 흥미로운 이야기들이 담겨 있다. 미국 학생들의 실생활을 바탕으로 한 탄탄한 스토리로 살아 있는 현지 영어와 미국문화를 체험할 수 있을 뿐만 아니라, 영어 독해 및 영작 연습을 할 수 있는 아주 유용한 교재이다.

□ 이지현 지음 / 국배판 변형 / 152면
□ 정가 8,500원

〈행복한 명작 읽기〉는 기초가 약한 영어 초급자나 초, 중, 고 학생들이 보다 즐겁고 효과적으로 명작들을 읽으며 독해력을 키울 수 있도록 개발된 독해력 증강 프로그램입니다.

국판 | **Grade 1, 2, 3** 각권 **6,000원**(오디오 CD 1개 포함)
**Grade 4, 5** 각권 **7,000원**(오디오 CD 1개포함)
*어린왕자 8,000원(오디오 CD 2개 포함)
**고도를 기다리며 9,000원(오디오 CD 2개 포함)

## 책의 특징

1 골라 읽는 재미가 있다. 초보자를 위한 350단어 수준에서 중고급자를 위한 1,000단어 수준까지 5단계 구성.
2 단계별로 효과적인 영어 읽기 요령과 영문 고유의 참맛을 느낄 수 있는 장치가 곳곳에.
3 읽기만 해도 영어의 키가 쑥쑥 - 해석을 돕는 돼지꼬리(↶), 영어표현 및 문법 설명, 퀴즈가 왕창.
4 체계적인 듣기 학습까지. 전문 미국 성우들의 생동감 넘치는 원음을 담은 오디오 CD 제공.

| Grade 1 Beginner | Grade 2 Elementary | Grade 3 Pre-intermediate | Grade 4 intermediate | Grade 5 Upper-intermediate |
|---|---|---|---|---|
| **350**words | **450**words | **600**words | **800**words | **1000**words |
| 1 미녀와 야수 | 11 이솝 이야기 | 21 톨스토이 단편선 | 31 오페라 이야기 | 41 센스 앤 센서빌리티 |
| 2 인어공주 | 12 큰 바위 얼굴 | 22 크리스마스 캐럴 | 32 오페라의 유령 | 42 노인과 바다 |
| 3 크리스마스 이야기 | 13 빨간머리 앤 | 23 비밀의 화원 | 33 어린 왕자* | 43 위대한 유산 |
| 4 성냥팔이 소녀 외 | 14 플랜더스의 개 | 24 헬렌 켈러, 나의 이야기 | 34 돈키호테 | 44 셜록 홈즈 베스트 |
| 5 성경 이야기 1 | 15 키다리 아저씨 | 25 베니스의 상인 | 35 안네의 일기 | 45 포 단편선 |
| 6 신데렐라 | 16 성경 이야기 2 | 26 오즈의 마법사 | 36 고도를 기다리며** | 46 드라큘라 |
| 7 정글북 | 17 피터팬 | 27 이상한 나라의 앨리스 | 37 투명인간 | 47 로미오와 줄리엣 |
| 8 하이디 | 18 행복한 왕자 외 | 28 로빈 후드 | 38 오 헨리 단편선 | 48 주홍글씨 |
| 9 아라비안 나이트 | 19 몽테크리스토 백작 | 29 80일 간의 세계 일주 | 39 레 미제라블 | 49 안나 카레니나 |
| 10 톰 아저씨의 오두막 | 20 별 l 마지막 수업 | 30 작은 아씨들 | 40 그리스 로마 신화 | 50 나에겐 꿈이 있습니다 −명연설문 모음 |

쉬운 영문을 통해 영어 독해에 대한 막연한 두려움을 없앤다
**왕초보 기초다지기**

실력에 맞게 효과적으로 끊어 읽으며 직독직해 훈련을 한다.
**실력 굳히기**

영문판 원서 도전을 위한 전 단계의 준비과정이다.
**영어의 맛** 제대로 느끼기